INICIAÇÃO À
NUMEROLOGIA

INICIAÇÃO À NUMEROLOGIA

Johann Heyss

Publicado originalmente em 1996 pela Editora Nova Era
Publicado em 2024 pela Editora Alfabeto©.

Direção Editorial:: Edmilson Duran
Produção Editorial: Rackel Accetti
Revisão: Editora Alfabeto
Ilustrações do miolo: Gabriela Duran
Capa: Caroline Palumbo Cobra
Diagramação: Décio Lopes

DADOS INTERNACIONAIS DE CATALOGAÇÃO DA PUBLICAÇÃO

Heyss, Johann

Iniciação à numerologia/ Johann Heyss – 2ª edição – São Paulo: Editora Alfabeto, 2024.

ISBN 978-65-87905-70-9

1. Numerologia 2. Adivinhação I. Título.

Todos os direitos reservados. Proibida a reprodução total ou parcial por qualquer meio, inclusive internet, sem a expressa autorização por escrito da Editora Alfabeto.

EDITORA ALFABETO
Rua Protocolo, 394 | CEP 04254-030 | São Paulo/SP
Tel: (11)2351.4168 | E-mail: editorial@editoraalfabeto.com.br
Loja Virtual: www.editoraalfabeto.com.br

SUMÁRIO

Introdução 9

Prefácio 13

Capítulo I. Os números e suas personalidades 17
Números elementares e mestres 18
O comportamento dos números 20
Números elementares e mestres e suas principais origens 24
Números adicionais 80

Capítulo II. Os fundamentos da numerologia 87
A origem dos números 87
A prática da numerologia 89

Capítulo III. O Mapa Numerológico Natal 91
Parte 1: Aprendendo a usar o mapa 91
Parte 2: Sugestões de interpretação 131

Capítulo IV. O Ano Universal 141

Capítulo V. O Mapa Numerológico Anual 153
O Ano Pessoal 153
O Mês Pessoal 171
O Carma e o Darma Anuais 183
O Cálculo do Dia Pessoal 184

Capítulo VI. O Profissional de Numerologia 187

Bibliografia 191

INTRODUÇÃO

LEITORAS E LEITORES,

Apresentar a numerologia de maneira sucinta é uma tarefa difícil, já que envolve uma série de esclarecimentos que muitas vezes vão de encontro ao estabelecido sobre essa técnica no imaginário popular. Por isso, gosto de iniciar meus livros chamando a atenção para certos pontos.

Primeiro, os estudantes de numerologia devem ter em mente que este campo do saber não é um sistema mais mágico do que a medicina, a psicologia, a meteorologia ou qualquer outro conhecimento que ofereça assistência dentro de um padrão preestabelecido. Ou seja, todo conhecimento que vem sendo acumulado pelo homem é pura magia, já que o ser humano conseguiu e consegue alargar as possibilidades da imaginação por meio da conquista tecnológica: todos os avanços são fruto de um processo de criação mental (concepção do que virá a ser criado), comunicação (planejamento do produto) e realização final. A magia nunca foi fonte de criação de absurdos: as antigas lendas de monstros e fenômenos inexplicáveis cada vez mais se revelam erros de interpretação ou de tradução, ou simplesmente referências a seres e fenômenos não descobertos em tempos antigos. Isso faz, por exemplo, com que uma lula gigante tenha sido considerada lenda até recentemente, quando pesquisadores descobriram a existência de tais moluscos superdesenvolvidos.

Ao afirmar que a numerologia não é um sistema "mais mágico" que outros, meu objetivo é ressaltar que o mesmo princípio permeia as diferentes práticas: um médico trata o doente, mas não pode

INICIAÇÃO À NUMEROLOGIA

evitar a morte indeterminadamente; a psicologia trata as neuroses e os distúrbios mentais/emocionais, mas não pode garantir a cura; a meteorologia analisa as condições atmosféricas por meio de satélites e outros instrumentos, mas não é um oráculo infalível de previsão do tempo — e o mesmo podemos dizer sobre os diferentes conhecimentos científicos, filosóficos, artísticos e demais formas de expressão que brotam da criação mental humana.

Estando isso claro, o estudante pode facilmente compreender o objetivo real da numerologia, que é mostrar um panorama dos potenciais de personalidade e de destino, de forma imparcial e elucidativa. São sublinhados qualidades-chave e desequilíbrios que possam funcionar como um calcanhar de Aquiles, ressaltando sempre que todo problema apresentado esconde em si mesmo uma solução — alguns mapas podem ser como um labirinto, mas jamais são sem saída.

Venho estudando, testando, usando, ensinando e trabalhando com numerologia há trinta anos e já passei por várias fases em todo esse processo. Mas posso extrair uma essência: o sistema de numerologia apresentado neste livro funciona. Houve uma época de minha vida, mais precisamente entre meus 19 e 29 anos (uma década "redondinha"), em que minha principal atividade profissional foi a numerologia, em forma de consultas e aulas. Depois eu resolvi me concentrar na música, na literatura e na tradução, mas jamais deixei de estudar a numerologia, o tarô e o simbolismo como um todo, e continuo dando consultas (on-line), fazendo palestras e ministrando oficinas sobre esses assuntos. Perdi a conta, mas posso fazer uma estimativa de mais de 2 mil interpretações de mapas, sempre encontrando ressonância e familiaridade nas personalidades analisadas, tanto de pessoas com quem tive contato direto (familiares, amigos e clientes) quanto de personagens públicos e históricos.

Sempre tive tendência ao ceticismo e, até parte da minha adolescência, encarava com cínica ironia coisas como religião, ocultismo etc. A mudança de ponto de vista se deu não por meio da numerologia, mas do I-Ching: eu tinha 16 anos quando adquiri, por curiosidade,

INTRODUÇÃO

uma coleção de fascículos de banca de jornal que trazia um pequeno oráculo I-Ching na forma de dois dados hexagonais, um azul e outro vermelho. Ao consultar o oráculo pela primeira vez, recebi como resposta algo que não me agradou (Arcano 41, *Sun*, A Perda). Numa atitude arrogante e infantil, joguei os dados de novo, esperando que dessa vez viesse a "resposta certa". Qual não foi meu estupor ao ter como retorno o Arcano 4, *Meng*, A Inexperiência, que dizia, entre outras coisas, que eu era jovem e inexperiente demais e que "o oráculo responde a uma pergunta apenas e somente uma vez, insistir é ser inoportuno". Foi a partir de então que considerei que algo havia naquilo e comecei, naturalmente, a investigar as mais variadas disciplinas esotéricas. A numerologia acabou sendo objeto de meu especial interesse devido à precisão tão grande de suas técnicas de análise e à enorme facilidade de cálculos. Também manifestei interesse pelo tarô — com o qual até hoje trabalho, mas me especializei no tarô de Thoth —, bem como por muitos outros sistemas, mas nenhum deles se mostrou tão objetivo, preciso e prático quanto a numerologia.

Iniciação à numerologia é meu primeiro livro sobre o assunto. Sua primeira versão, publicada em 1996 pela editora Nova Era, foi escrita após uma década de estudo e prática profissional. Meu objetivo com o livro era apresentar um sumário das técnicas utilizadas até então, usando o mapa numerológico de John Lennon como exemplo do modo de cálculo e interpretação. Naquela época, poucos livros no mercado internacional — e praticamente nenhum no mercado brasileiro — davam atenção à questão dos números compostos, ou números de origem, que sempre considerei essenciais para a plena assimilação dos arquétipos que formam cada personalidade individual.

Este mesmo livro foi lançado nos Estados Unidos, na Alemanha e na França, e relançado em 2003 pela editora Nova Era em versão revista e ampliada, e com outro título (*O que é numerologia*).

Como todo conhecimento, a numerologia pode e deve manter um ritmo contínuo de atualização e desenvolvimento e jamais se cristalizar em dogmas que a transformem em superstição. Sendo assim, atualizar, reescrever e acrescentar tópicos acabou por gerar a terceira versão deste livro, agora de volta ao nome original, que é este em suas mãos.

As próximas páginas foram elaboradas com a intenção de auxiliar no autoconhecimento, jamais para propagar paranoias relacionadas a um futuro preestabelecido ou possíveis tendências aziagas. Estudos científicos modernos vêm cada vez mais provando que não há verdade absoluta, e sim verdades compatíveis com o grau de assimilação de cada indivíduo, levando ainda em consideração fatores como cultura e época. Por isso, os símbolos — como os números — podem gerar diferentes interpretações e ainda assim permanecerem os mesmos em sua essência: cada pessoa apreende o que pode. Há premissas, há métodos, mas a ciência de hoje já desmentiu inúmeras verdades absolutas do passado e o futuro há de trazer a queda de parte das verdades absolutas de agora. Portanto, encorajo uma abordagem da numerologia como um conhecimento em desenvolvimento. Citando o físico dinamarquês Niels Bohr: "O oposto de um enunciado correto é um enunciado falso. Mas o oposto de uma verdade profunda pode ser outra verdade profunda" e "Tudo o que eu digo deve ser entendido não como uma afirmação, mas como uma pergunta". Tomo emprestadas essas palavras.

Johann Heyss
Ciudad de la Costa, outono de 2023

PREFÁCIO

Num mundo onde o misticismo e os números muitas vezes se entrelaçam de forma misteriosa, poucos autores conseguem capturar a essência dessa relação com a maestria e a clareza que Johann Heyss.

Seu trabalho sempre se destacou por unir rigor intelectual e uma sensibilidade artística única e Iniciação à Numerologia é um exemplo brilhante desta síntese. Esta combinação enriquece o texto da obra e torna a experiência de aprendizado do leitor mais interativa e dinâmica, incentivando-o a participar ativamente na construção do seu conhecimento. Seu domínio e maestria acerca do tema e a capacidade de transmitir o saber de forma acessível são evidentes em cada capítulo. Com sua habilidade única de entrelaçar conhecimento esotérico com aplicabilidade prática, Johann conduz o leitor através dos meandros da numerologia com uma abordagem inovadora que desmistifica conceitos errôneos e revela a verdadeira profundidade e utilidade desta arte antiga.

À medida que abrimos as páginas deste livro, passamos a percorrer uma jornada que transcende a mera compreensão dos números e suas influências. Isto torna esta obra uma verdadeira ponte entre o conhecimento ancestral e as aplicações contemporâneas, oferecendo muito mais do que técnicas e métodos, nos convidando a mergulhar em um universo onde números se revelam como espelhos de nossas vidas e revelam nossos potenciais e desafios.

A edição revista desta obra, que o leitor tem agora em mãos, reflete a expansão das ideias renovadoras do autor que consegue, com habilidade, introduzir conceitos complexos de forma acessível. Um dos aspectos mais notáveis deste livro é a forma como ele capacita o leitor através de uma linguagem clara e envolvente. Heyss desvenda os mistérios dos números e suas personalidades e fundamenta os princípios da numerologia de uma maneira que cativa e educa simultaneamente, com explicações detalhadas e exemplos práticos que nos ensinam a elaborar o Mapa Numerológico Natal e o Mapa Numerológico Anual. Ele também incentiva a iniciar uma jornada de autoconhecimento, oferecendo as ferramentas que expandem os horizontes da numerologia tradicional para que cada um possa explorar suas próprias interpretações e insights.

Este livro é, portanto, mais do que um manual de numerologia. É um convite para explorar um campo de conhecimento que tem o poder de revelar as complexidades do ser humano ao usar a simplicidade e complexidade dos números. O livro também se destaca pelo seu rigor metodológico, que torna Iniciação à Numerologia uma obra informativa e inspiradora. A profundidade de análise deste livro vai muito além do que se espera em uma obra sobre numerologia e abre novos caminhos para a compreensão de nossa existência e destino.

A contribuição de Heyss para a literatura esotérica e seu impacto na vida prática das pessoas são inestimáveis. Sua jornada multifacetada como escritor, músico e tradutor, revela uma profunda compreensão da natureza humana e uma capacidade única de expressar conceitos esotéricos de maneira acessível e envolvente. Desde o início de sua carreira, Johann tem explorado as fronteiras da expressão criativa, com uma habilidade notável em entrelaçar o esotérico com o cotidiano. Seus livros, publicados em diversos países, mostram uma versatilidade impressionante, passando do ocultismo à ficção, poesia e biografias. Suas obras têm sido um convite para explorar os mistérios da vida e da própria alma e verdadeiros guias para aqueles que buscam não só entender, mas também sentir e viver os mistérios em sua plenitude.

PREFÁCIO

Como não poderia deixar de ser, Iniciação à Numerologia é muito mais do que um manual sobre números e suas interpretações; é uma obra que convida à reflexão, ao autoconhecimento e ao crescimento espiritual e, sem dúvida, marcará os leitores por sua profundidade, clareza e aplicabilidade. É um livro essencial para todos os que buscam compreender os mistérios da vida através dos números e que procuram um caminho para uma existência mais harmoniosa e alinhada com os desígnios do universo.

Este livro se destaca como uma obra de arte em si. O cuidado na escolha das palavras, a elegância na estrutura dos capítulos e a harmonia entre teoria e prática fazem de Iniciação à Numerologia uma leitura agradável e envolvente. Johann Heyss não só educa, mas também encanta, fazendo com que a jornada pelo mundo dos números seja uma experiência única e inesquecível.

Para aqueles que estão prestes a embarcar nesta jornada, preparem-se para uma experiência transformadora. E para o autor, nosso profundo agradecimento por compartilhar sua sabedoria e sua paixão por este campo fascinante.

Ao fechar a última página, o leitor terá aprendido sobre numerologia, mas também sobre si mesmo e sobre o universo que o rodeia. Que esta obra continue a iluminar os caminhos daqueles que buscam compreender os segredos ocultos nos números e, através deles, os mistérios de seu próprio destino.

Boa leitura e excelentes descobertas!

Claudiney Prieto

CAPÍTULO I

OS NÚMEROS E SUAS PERSONALIDADES

O **primeiro passo** de nosso estudo é entender os números como arquétipos e símbolos. Costumamos usar os números em nosso dia a dia como instrumentos de organização e muitas vezes atrelamos a eles referências emocionais — em geral, nossos números favoritos nos lembram pessoas, lugares ou situações que nos são caros. Mas os números são também *arquétipos* e *símbolos*.

Arquétipos são padrões que abrangem matéria, espírito e emoções. De acordo com o psicanalista junguiano James Hillman, arquétipos são "metáforas míticas" e "estilos de existência", enquanto Roberts Avens os define como "fontes de ideias".

Símbolos são representações visíveis dos arquétipos.

Números são arquétipos, símbolos e signos: arquétipos ao representarem conceitos abrangentes; símbolos como representações gráficas dos arquétipos; e signos ao representarem quantidades com objetivo organizacional. Números são representações de quantidade, o que remete à dualidade ou polaridade que há em tudo considerado *real*. Tudo é dual no mundo objetivo: dia e noite, bem e mal, homem e mulher etc. Com a divisão da unidade — que alguns chamam de Deus, Alma-Mãe, entre outros termos — nasce a dualidade. A multiplicidade explica a dualidade, bem como a dualidade explica a unidade. **A numerologia é um sistema subjetivo que desvela outro nível de interpretação dos eventos e seres.**

NÚMEROS ELEMENTARES E MESTRES

Vejamos uma lista de características básicas de números elementares e mestres — principais arquétipos numerológicos.

0

Nada, vazio, o oculto, o escondido, a preexistência, ausência, abstração.

1

Masculino, existência, afirmação, poder, força, atividade, claridade, independência, movimento.

2

Feminino, continuação, delicadeza, intuição, subjetividade, escuridão, dependência, quietude.

3

Criança, manifestação, criatividade, expressão, comunicação, rapidez, cores, alegria, inconstância.

4

Trabalho, concretização, constância, dedicação, rotina, paciência, honestidade, limitação, disciplina.

5

Mudança, transformação, viagem, sexualidade, superficialidade, curiosidade, rebeldia, aventura.

OS NÚMEROS E SUAS PERSONALIDADES

6

Família, multiplicação, lar, amor, afeição, acordo, aceitação, tranquilidade, talento criativo.

7

Introspecção, multiplicação, isolamento, intelecto, estudo, filosofia, solidão, sabedoria.

8

Materialismo, melhoria, justiça, pragmatismo, racionalidade, ambição, estabelecimento, sociedade.

9

Grupo, atalho, ruptura, avanço, ansiedade, pressa, mensagem, energia, confusão, caridade, vontade.

11

Iconoclasmo, transcendência, exceção, profecia, genialidade, deslocamento, elevação, magia, iniciação.

22

Consecução, finalização, magnitude, espiritualidade, peso, contraste, iluminação.

O COMPORTAMENTO DOS NÚMEROS

É impossível compreender o mundo sem entender as pessoas. O mapa numerológico é um instrumento poderoso para esse fim. É simples, mas profundo. As únicas informações necessárias para a composição do mapa são o nome completo original e a data de nascimento do indivíduo a ser analisado. Os cálculos não são complicados! Cada combinação de números reflete um aspecto da individualidade e indica a energia arquetípica que é a raiz da personalidade. Cada número tem um "comportamento" em matemática, ou seja, tem suas próprias características (por exemplo, alguns são pares, outros são ímpares; alguns são múltiplos de três; outros tantos podem ser divididos, mas não podem produzir uma operação exata com outros, e assim vai). Portanto, se formos pensar por analogia, essas características irão refletir (e não induzir) comportamentos e situações em nossa vida, de acordo com a tradução da "linguagem dos números" para a "linguagem humana", seja qual for o idioma. O mapa numerológico é um quebra-cabeça no qual cada pecinha possui um significado pessoal, ainda que esse significado só seja totalmente compreensível por meio da comparação de contrários. Os arquétipos dos números refletem seres e eventos, e, considerando-se o Universo a teia dinâmica descrita em vários textos místicos, filosóficos e científicos, o conceito de causa e efeito transcende a um patamar de reciprocidade. Ou seja, os números não provocam efeitos; portanto, não faz sentido acreditar que uma mudança de nome possa atrair bons (ou maus) "influxos" numerológicos. É equivocado pensar que os números possam causar bem ou mal em si. Todas as coisas e pessoas são espelhos espalhados por toda parte, refletindo-se infinitamente; tudo está conectado, como ondulações no mar que se alimentam e formam ondas e marés. Os números são contrapartes abstratas e mesmo ancestrais de todas as coisas e seres, já que antecedem a qualquer conceito ou pensamento passíveis de formulação. Por isso, estudar os arquétipos numéricos relacionados a uma pessoa ou situação equivale a estudar seus potenciais espirituais, psicológicos e emocionais. Podemos fazer uma analogia com o estudo do DNA, que revela o potencial de um indivíduo, mas não determina o uso que tal indivíduo efetivamente fará de sua potencialidade. Assim, o mapa numerológico traça tendências claramente identificáveis de uma pessoa ou situação, mas não determina nem poderia determinar o uso do livre-arbítrio — o qual responde como margem de erro no âmbito dos estudos de cunho mais pragmático e materialista.

O nome reflete seu *eu* no mapa, enquanto a data de nascimento revela *como* esse eu vive. Isso é fácil de entender: seu nome original completo funciona como uma espécie de "rótulo", por assim dizer. A investigação do simbolismo desse nome desvela o "dono" do nome. Similarmente, a data de nascimento simboliza o começo da jornada e como o resto será afetado. Note que essa informação *não* simboliza um destino fixo, pois sempre há um elemento desconhecido na vida e não devemos negligenciá-lo. Por outro lado, ao conhecermos os números tornamo-nos capazes de observar uma alma como se observássemos um rosto num retrato.

A primeira distinção numérica que podemos fazer é entre os grupos positivo/masculino e negativo/feminino. Não há juízo de valor nem estamos falando de sexualidade, mas de polaridade: os números ímpares são viris e agressivos de formas diferentes, enquanto os números pares trazem sutileza e delicadeza, também cada um a seu modo. Quando adicionamos um número ímpar e um número par, o resultado será sempre ímpar, ao passo que, quando dois números pares são somados, o resultado será outro número par. Isso mostra claramente quão dominadores são os números ímpares, sempre se impondo sobre os pares, e quão defensivos podem ser os números pares, protegendo seus semelhantes em um círculo. Vamos começar pelos **números elementares: 1, 2, 3, 4, 5, 6, 7, 8, 9**. Estes são impossíveis de serem reduzidos, pois representam os arquétipos essenciais, manifestações básicas de personalidade ou situação. Os demais números (exceto 11 e 22, por razões que veremos adiante) podem ser reduzidos desta maneira, por exemplo: $18 = 1 + 8 = 9$. Isso é uma simplificação de um método criado por Pitágoras para compreender a essência do número. Os **números mestres** são **11** e **22**. Não os reduzimos, pois são representações das exceções a toda regra, daí estarem ligados a pessoas e situações peculiares, que extrapolam definições rígidas. O resultado de qualquer operação é incrementado pela observação da condição de par ou ímpar do número e em qual polaridade (positiva, negativa ou neutra) ele se situa.

Usaremos o triângulo para analisar as dezenas e seu produto (ver figura a seguir). O polo inicial (a extremidade do triângulo, à sua esquerda) é positivo, o polo seguinte (a outra extremidade, à sua direita) é negativo e o polo neutro resultante é o produto. Usaremos os termos *yang* para positivo e *yin* para negativo. Se um número ímpar está situado na posição *yin*, a combinação é diferente daquela em que o mesmo número ocupa na posição *yang* do triângulo. Vejamos, por exemplo, o número 29/11: o delicado número 2 ocupa a primeira posição, enquanto o ativo número 1 se encontra em uma posição de introspecção. Eis a origem da androginia do arquétipo baseado no número 11. Ao traçarmos um triângulo e nele dispormos uma dezena, podemos analisar o dinamismo peculiar do número e compreender suas particularidades. Vejamos agora 13/4:

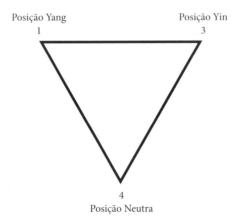

Figura 1. Posições yang, yin e neutra.

OS NÚMEROS E SUAS PERSONALIDADES

A posição *yang* contém o número 1, o primeiro dos números masculinos. Ele representa a polaridade dominante, a base de todos os números. O número 1 traz as qualidades de pulso, liderança e dinamismo para qualquer número. O número 3 é ímpar e está em uma posição *yin*. Sendo o número da comunicação, 3 funciona como uma ponte ligando o impulso de 1, que passa através de 3, e se move na direção de 4. Como veremos mais à frente nas definições dos arquétipos de cada número, 1 e 4 não se harmonizam totalmente, então o número 3, que entre estes é o que mais tende à neutralidade, tem a função de filtrar esse impulso para que ele chegue ao número 4 devidamente amortecido. O número 4 que vem de 13 é influenciado por seu "pai" 1 e por sua "mãe" 3, e o perfil discreto que se espera de um 4 é afetado pela herança adquirida deles. Esse é o tipo mais criativo de 4 que se encontra com frequência (os outros são 31 e 40). Se considerarmos 31, podemos notar imediatamente que 1 ocupa a posição passiva do triângulo, e esse número não funciona tão bem como condutor no sentido passivo devido à sua essência dominadora. Em termos de iniciação, 31 é um número muito importante, até porque representa um obstáculo a ser superado antes de vivenciar uma iluminação. Lidar com esse obstáculo define a vida da pessoa, para melhor ou para pior. Devemos manter em mente que o **número composto**, ou **número de origem** (que pode ser dezena, centena, milhar etc.) é a raiz que influencia o número elementar ou mestre. Por exemplo, um número 6 é sempre um número 6, mas, dependendo dos números que o compõem, certas características serão mais acentuadas que outras. Um número 6 derivado de 15 é sempre mais forte, mais passional e menos quieto — características do "pai" 1 e da "mãe" 5, que aproximam 6 do lado violento da paixão. Já um 6 que vem de 24 acaba sendo o mais frágil de todos, pois os aspectos *yin* dele são enfatizados por 2 e por 4, resultando em um 6 enfraquecido pela falta da energia *yang*. O número 33, um 6 "especial", indica, como fazem os números mestres, ou iluminação ou doença mental (note que 33 não é um número mestre, mas exibe a mesma dupla corrente de energia encontrada nos números mestres). O número elementar é o arquétipo básico, e o número de origem mostra tendências mais específicas de cada arquétipo. A lista a seguir oferece alguns exemplos de como os números compostos influenciam os números elementares.

NÚMEROS ELEMENTARES E MESTRES
E SUAS PRINCIPAIS ORIGENS

1 é o líder, mas o número 10 tende a ser paternal, 19 é imperioso e 28 busca a perfeição.

2 é o cooperador, mas 20 tende a colaborar em um nível mais espiritual que prático.

3 é o comunicador, mas 12 tem dificuldade em expressar ideias e 21 luta contra sua ansiedade em se expressar; já 30 consegue canalizar ideias com mais maturidade.

4 é o organizador; 13 tende a exceder as regras, enquanto 31 é quem faz as regras.

5 é o rebelde, mas 14 tende a reprimir essa tendência; 23 costuma sofrer de imaturidade e 32 encontra equilíbrio exercendo a própria liberdade.

6 é a emoção em si, 15 gosta de emoções fortes e de perigo, 24 tende à fragilidade emocional e 33 situa-se entre os dois extremos.

7 é o intelecto, mas, enquanto 16 tende à destruição, 25 tende à construção.

OS NÚMEROS E SUAS PERSONALIDADES

8 representa circunstâncias e questões materiais; o temperamento de 17 é esperançoso por natureza, enquanto 26 tende ao pessimismo.

9 representa liberdade e movimento, mas 18 evita os caminhos das emoções intensas. A busca de 27 é pelo mundo interno; a de 36, pelo externo.

11 é o aspecto yang da espiritualidade. A abordagem de 29 segue um caminho mais "convencional"; já 38 tem uma perspectiva mais prática e materialista.

22 é o aspecto yin da espiritualidade; seus números de origem estão todos além de 100 — influências complexas que não cabem nesta análise sucinta.

É preciso prestar atenção à formação do número para entender o símbolo. Por exemplo, água é sempre água, mas pode ser filtrada ou não, pode ser água do mar, água de lama, água de rio, água destilada, gelo — tudo água, ainda que de diferentes tipos. Também é possível assimilar o significado de um número atentando para seu comportamento matemático. A análise da espiral (ver Figura 2) é outra maneira de compreender as relações entre números, seu comportamento e personalidade. O primeiro nível da espiral (nível número 0) contém os números elementares, padrões de base que geram as demais combinações numéricas. O segundo nível da espiral é habitado pelo número 1 e sua geração, ou seja, o próprio número 1 combinado aos outros números. Observe que o primeiro número nesse nível é 10, cuja redução teosófica é 1 (1 + 0 = 1), e o último é 19, que também se reduz a 1 (1 + 9 = 10/1). O mesmo ocorre no nível seguinte, cujo arquétipo dominante é 2, e assim por diante, até chegar ao número 9 — o último número singular.

A seguir, começaremos uma análise mais pormenorizada dos *números elementares e mestres*.

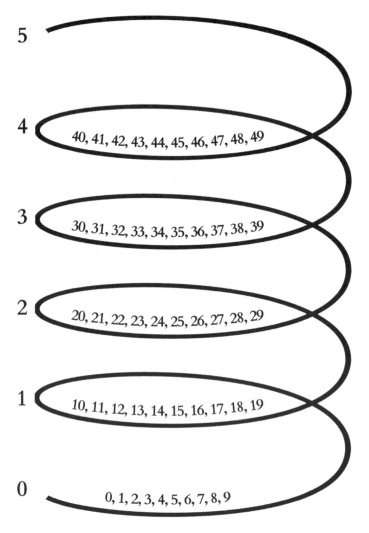

Figura 2. A projeção espiral dos números.

OS NÚMEROS E SUAS PERSONALIDADES

0 — ZERO

Figura 3. A serpente Ouroboros.

Analogias

Círculo, esfera, neutralidade, transparência, invisibilidade, ausência de começo e de fim, planeta, átomo, expansão, incógnito, impraticável, inexistente, infinito, não criado, intangível, origem, o Nada.

Análise

Vamos considerar Zero não como um número, mas como um conceito, já que expressa não existência e ausência. Zero representa o abstrato, algo que ainda não é — ainda que contenha o potencial de vir a ser. Também é símbolo de estabilidade no mundo abstrato, pois seu vazio implica permanência.

Ele é o verdadeiro pai/mãe de todos os números, já que todos começam a existir quando percebem que não existem. A não existência é na verdade uma lembrança: não se pode estar consciente de não existir, pois a consciência já é uma existência em si mesma. Então a não existência só pode significar inexistência de um ponto de vista específico, como o ponto de vista material — desse modo, a

INICIAÇÃO À NUMEROLOGIA

inexistência da matéria significará a existência da mente, ou do espírito, ou de qualquer outra coisa que não seja matéria, mas que possa desenvolver algum tipo de consciência. No exato momento em que o ente se torna consciente, ele passa a existir no presente, e o período de preexistência — o período de número 0 — é apreendido apenas como uma memória evanescente.

A vontade do número 1 é ser o primeiro a existir a partir do nada de Zero. Observe, mais uma vez, que da mesma forma que o número 0 gera o número 1, este acaba gerando os demais números existentes.

Não há aplicação prática para o número 0 no mapa numerológico, a não ser no caso dos desafios[1]. Não existe uma pessoa "Zero", portanto o número aparece apenas como um conceito transparente, como ocorre em 10, 20, 30 etc. Mas é engraçado observar o costume de escrever 01, 02, 03, 04 etc. — uma das evidências de onde vêm os números elementares.

Nas cartas do tarô, Zero é associado ao arcano maior O Louco, personagem que também pode ser associado ao número 22 $(2 - 2 = 0)$.

O *Tao Te King* expressa belamente a função universal de Zero no seguinte trecho:

> *O movimento do Tao consiste em Retornar.*
> *O uso do Tao consiste em delicadeza.*
> *Todas as coisas sob o céu nascem do corpóreo;*
> *O corpóreo nasce do Incorpóreo.*[2]

A serpente Ouroboros é um símbolo do eterno retorno e do aspecto circular e dinâmico de Zero: ao morder o próprio rabo, ela se alimenta de si mesma e ao mesmo tempo se regenera.

---

1. Os desafios são apresentados no Capítulo III deste livro.
2. Lao Tsé, *Tao Te King*.

1 — UM

Figura 4. A face solar.

Analogias

Unidade, virilidade, masculinidade, ego, vigor, independência, agressividade, vitória, pioneirismo, liderança, autoritarismo, orgulho, egoísmo, narcisismo, tirania, obstinação, fogo, ouro, Sol, Pai.

Análise

Representa a energia solar. Masculino, possui todas as características yang. O número 1 não é um número em si mesmo, mas o número, já que representa a totalidade conectada à unidade. Ele é tudo, o único, absoluto e o "grande primeiro". Todos os outros números são um desdobramento de 1; portanto, ele é o pai de todos os demais. Poder é a questão aqui; é algo inato para 1 — se esse poder é bem usado ou não, é outra questão. É importante deixar claro que, independentemente da falta ou do excesso de poder, lidar com ele é a intenção básica da existência do número 1, sobretudo quando a questão é demonstrá-lo.

Personalidades 1 precisam de certa reverência: seus súditos conseguem o que querem quando admitem sua autoridade. É um jogo no qual 1 sempre comanda, para o bem ou para o mal. Apenas comandando essas personalidades conseguem ser generosas e gentis. Mas, quando sua liderança é questionada, a personalidade 1 faz qualquer coisa para pôr o foco de insurgência em seu devido lugar. Em certo sentido, podem ser bastante ingênuos: um súdito que não se importe com a hierarquia oficial, apenas com os resultados, pode facilmente convencer o rei de sua própria ideia, contanto que consiga fazer acreditar que a ideia brilhante é do próprio rei, não do súdito. Assim, o súdito renuncia à autoria e à fama, mas vê seu desejo executado. Mas há quem não queira renunciar a isso, e daí vêm os embates e as guerras entre reis e nobreza, entre reis e súditos, entre súditos e súditos, e todos os conflitos que a raça humana tão comumente produz. Esse tipo de manipulação do poder por seus satélites retrata bem o que uma personalidade 2 pode exercer sobre uma personalidade 1, invertendo os clichês sobre esses arquétipos.

Cada número tem aspectos positivos e negativos, e números de origem indicam tendências particulares, especificando uma direção para os padrões básicos representados por cada número elementar.

As principais origens para o número 1 são 10, 19 e 28. O número 10 não passa de uma extensão das características de 1, já que o número 0 funciona como amplificador. Portanto, 10 representa um retorno à unidade um nível acima na espiral. Sendo 10 um número par, o aspecto enfatizado é seu lado mais suave — em se tratando de um número 1.

A doutrina pitagórica, de acordo com Nicômaco de Gerasa[3], considera 10 um número perfeito, o glifo de uma deidade, símbolo da eternidade e do Sol[4]:

Figura 5. Tetractys.

---

3. Chaboche, *Vida e mistério dos números*, p. 157.
4. Westcott, *Os números*, p. 32.

OS NÚMEROS E SUAS PERSONALIDADES

Lísias considerava a *tetractys* a representação da harmonia pura. Note que a forma triangular representa perfeição e equilíbrio de polaridades. A composição de 10 (1 + 2 + 3 + 4 + 5 + 6 + 7 + 8 + 9 + 10) é 55, enfatizando a natureza sagrada do número, que abriga um número mestre como seu objetivo e direção.

O número 19 é intenso: vem de 1, o começo, e de 9, o fim, resultando em 1 novamente. Contém o Alfa e o Ômega, implicando força e empenho — muito usados de maneira cega e violenta —, que podem gerar prodígio ou tragédia. Além disso, sendo números ímpares, egoísmo e vaidade têm campo aberto. Assim, 19 concentra as tendências ditatoriais de 1, que podem, todavia, ser canalizadas de forma construtiva.

O número 28 é considerado uma das melhores composições de 1 por ser um número perfeito — ou seja, é o resultado de seus divisores. Números perfeitos são raros, sendo conhecidos apenas os cinco primeiros: 6, 28, 496, 8.128 e 33.550.336[5]. Isso basta para fazer de 28 a concentração das melhores possibilidades de 1. Composto por dois números pares, o que suaviza a agressividade de 1, 28 traz também a objetividade e a praticidade do número 8, e a soma dos números de 1 a 28 resulta em 406, que se reduz a 10 e finalmente a 1, fechando o círculo arquetípico. A determinação de 1 em afirmar sua personalidade é inerente, para o bem e para o mal. Antes de os astrólogos conceberem a divisão zodiacal em doze casas solares, havia outra divisão em doze casas lunares.

O número 1 é ligado ao elemento fogo, já que ambos representam poder: o homem pré-histórico conseguiu dominar animais selvagens e mesmo seus semelhantes graças ao domínio do fogo. Ainda hoje os donos do fogo — ou seja, os donos de grandes arsenais — comandam o mundo pela guerra e/ou por meios tecnológicos. O fogo é a manifestação do espírito e da inteligência sobre a força física. As pessoas o

---

5. Sabellicus, *A magia dos números*, p. 25.

temem, por isso tiveram de domá-lo e dominá-lo, devido ao próprio medo que nos impulsiona em direção ao desbravamento. Em termos de alquimia, o fogo é regenerador.

O mito de Prometeu mostra a busca de 1 pelo poder. Prometeu ousou desafiar as leis de Zeus roubando o fogo dos deuses para dá-lo à raça humana. Prometeu era um profeta e sabia que viria a encarar a fúria de Zeus, que de fato exalou ira quando soube do roubo. Mas, além de raiva, Zeus teve medo, pois sabia que o domínio do fogo levaria os humanos a evoluir a ponto de tornarem-se deuses. Como punição, Zeus condenou Prometeu a ter o fígado incessantemente devorado por uma águia: tão logo a águia terminava de comer o fígado, ele se regenerava, infligindo dor infinita ao salvador da humanidade. Essa tortura prosseguiu até que Zeus finalmente se compadeceu de Prometeu e lhe devolveu a liberdade. Por fim, Prometeu tornou-se também um deus. Esse mito é um belo retrato da jornada humana na Terra. Podemos inclusive traçar um paralelo entre esse mito e o Gênesis. O número 1 representa, então, toda a humanidade em seu processo de desenvolvimento.

Princípio positivo: Decisão

O número 1 combina a força e capacidade de decidir, qualidade de líderes natos. Abre os caminhos, protege aqueles que guia e concatena forças. O melhor dessas pessoas é a capacidade de iniciar aquilo que é necessário, tomar o rumo que muitos temem, mas que é só uma questão de tempo seguir. Quando a personalidade 1 decide algo, seu entusiasmo cativa e atrai colaboradores e seguidores.

Princípio negativo: Autoritarismo

Sempre há o risco de a força e a capacidade de decisão, combinadas, estimularem na personalidade 1 o uso indiscriminado e autoritário de seus poderes. O deslumbramento pode fazer a pessoa esquecer que todo poder implica responsabilidade.

Espiritualidade

Muitas vezes são clérigos, sacerdotes ou líderes espirituais de algum tipo — ainda que não ligados a religiões específicas. Como filósofos, professores ou em outras funções de liderança de grupos de estudo, acabam desempenhando papel semelhante. Costumam seguir um caminho independente e questionador — daí seu potencial de liderança.

Relacionamentos

Podem ser personalidades fascinantes em sua enorme segurança e determinação. Costumam ser pessoas charmosas e atraentes, mas por estarem sempre embevecidas com suas próprias qualidades podem chegar a construir um muro de egoísmo que inviabiliza relações. Porém, se a personalidade 1 se concentra em seu lado protetor e visionário, pode vivenciar relações melhores e mais profundas. Essas pessoas costumam ser bem-humoradas, mas podem ser bem ásperas se estiverem em um mau dia. Quando não são autoritárias, podem ser teimosas.

Profissão

Profissionais que direcionam e comandam como um pai rigoroso e amoroso faria: dando confiança a seus comandados e liberdade para que exerçam seu potencial. Personalidades 1 precisam chefiar, do contrário serão os líderes da insurreição. Suas ideias originais pedem trabalhos nos quais lidem com equipes, naturalmente em postos de comando, onde possam fiscalizar a aplicação de suas ideias. Sua maior dificuldade é delegar poderes e seu maior mérito é injetar energia no ambiente de trabalho. As atividades mais comuns a personalidades 1 são as de diretor, profissional liberal, político, piloto, bem como aquelas em que o poder seja intrínseco. Tais atividades variam de sociedade para sociedade e de época para época. Por isso, personalidades 1 podem incluir sacerdotes e poetas, além de atores e pop stars, devido ao fascínio do poder inerente antes que da atividade em si.

Profissões relacionadas: líder, chefe, porta-voz, piloto, comandante, político, inventor, publicitário, educador, vendedor, gerente.

Saúde

A constante atividade dessas pessoas inclui movimentação física, até porque elas são como máquinas que precisam de constante uso para funcionar bem. Uma personalidade 1 sedentária é um contrassenso, uma deformação do arquétipo. Portanto, sua saúde depende de atividade esportiva, estimulada pela competição e pela chance de brilhar. É recomendável não reprimir demais as emoções por medo de ficar vulnerável. Uma lágrima furtiva pode liberar muitas toxinas, enquanto um coração de pedra pode simplesmente parar de funcionar de tão sobrecarregado.

2 — DOIS

Figura 6. Yin/yang.

Analogias

Dualidade, sensibilidade, feminilidade, passividade, dependência, ternura, receptividade, tato, humildade, ritmo, auxílio, persuasão, covardia, servilismo, crueldade, timidez, receio, água, prata, Lua, Mãe.

Análise

O número 2 representa tudo em nosso planeta que é dual: homem e mulher, claro e escuro, quente e frio, bem e mal. Portanto, simboliza a própria experiência de existir como um ser humano na Terra. Enquanto 1 representa a humanidade, 2 é a sensação de *ser* humano, com todos os conflitos e as dicotomias que isso carrega. Ilustra a consciência dos contrastes da vida e reflete pessoas receptivas que trabalham melhor em dupla do que em grupo ou mesmo sozinhas. Pensam "nós", não "eu". Preferem ter alguém à sua volta para lhes dizer o que fazer. Como a Lua reflete a luz solar, 2 absorve a energia de 1 e se alimenta dos excessos do gerador da luz.

INICIAÇÃO À NUMEROLOGIA

Alguns consideram o número 2 o "destruidor" da Sagrada Unidade, o "assassino" de Deus. Claro que um pensamento desses só pode brotar de uma associação ignorante e preconceituosa entre negativo, feminino e demônio. A luz precisa da escuridão tanto quanto a escuridão precisa da luz — só se concebe uma em comparação com a outra. O conhecimento vem da comparação de contrários: sabemos que o mesmo Sol que nos dá luz e vida pode nos matar por insolação; a mesma água que bebemos quando temos sede pode nos matar por afogamento.

O maior poder do número 2 reside no silêncio e na intuição. Em 2 começa a real contagem, pois em 1 não há nada a contar. É também o início do ritmo, da dança, da estatística e da música. O corpo é uma divisão da alma, a qual é originalmente andrógina e, como diria Hermes Trismegisto, "o Cosmos e o homem são duais, sendo visíveis ou corpóreos e invisíveis e incorpóreos. O homem é também tido como sendo dual no sentido de ser mortal. Os sete homens cósmicos ou arquetípicos eram bissexuais"[6]. A divisão pode sugerir separação, mas isso pode ser necessário para entender as dualidades da vida. Diz o *Livro da Lei,* de Aleister Crowley: "Pois eu estou dividida por causa do amor, pela chance de união"[7]. De acordo com Fílon, os humanos são duais, consistindo em uma parte celestial/espiritual e outra material/terrena[8]. O conceito do deus grego Abraxas, que reúne em si deus e demônio, expressa claramente essa ideia: a não ser que haja harmonia entre os opostos, não há *mysterium conjunctionis*, não há filho/filha, não há número 3. O número 2 pode ser substituído em alguns casos por 11 — quando um 11 aparece em uma operação, não deve ser reduzido e transformado em 2. A única origem composta a ser trabalhada nos cálculos do mapa numerológico para o número 2 é 20, que representa regeneração e conhecimento baseado em experiências passadas a ser

---

6. Phelps, *The Universe of Numbers*, p. 65.
7. Crowley, *The Law is For All*, p. 47.
8. Phelps, *The Universe of Numbers*, p. 77.

projetado no futuro. É também um símbolo de conflitos causados pelo despertar da consciência.

A água é o elemento do número 2, pois todo líquido é passivo e adaptável: uma mudança de tempo pode mudar seu estado, transformando o líquido em sólido (gelo) ou em vapor. A água toma a forma de qualquer recipiente que a contenha. A vida começou e ainda começa na água; ela é o véu de Ísis, o elemento da fecundidade. A composição de 2 é 3 (1 + 2 = 3), portanto seu objetivo é procriar. Seu maior poder é a passividade.

> *Aquilo que se contrai*
> *Precisa primeiro se expandir.*
>
> *Aquilo que decai*
> *Precisa primeiro se fortalecer.*
>
> *Aquilo que se deprime*
> *Precisa primeiro ser elevado.*
>
> *Antes de receber*
> *É preciso dar.*[9]

Princípio positivo: Sutileza

A sutileza e a delicadeza da personalidade 2 atraem resultados para seus objetivos mais por sugestão e persuasão do que por força de decisão, como ocorre com a personalidade 1. É um verdadeiro exemplo de como o fraco pode perfeitamente dominar o forte por meio da diplomacia e da inteligência.

Princípio negativo: Covardia

Inoperância e covardia são faces da mesma moeda. Fragilidade e debilidade. Muitas vezes, a personalidade 2 hipoteca solidariedade e companheirismo em troca de defesa e proteção, em uma simbiose nem sempre desenvolvida às claras.

---

9. Phelps, *The Universe of Numbers*, p. 77.

Espiritualidade

A espiritualidade é parte da comida e da água dessas pessoas. São espiritualizadas, mesmo que não participem de nenhuma religião. A relação do parceiro com o assunto exercerá grande influência. Atraem-se por religiões e filosofias tranquilas e por ambientes que favorecem a introspecção, o que facilita práticas de meditação, feitiçaria etc. Podem ser influentes em grupos religiosos ou de estudo espiritual, mas dificilmente ocupam posição de comando ou direção.

Relacionamentos

"Diga-me com quem andas e direi quem és" pode não ser uma realidade absoluta para todos, mas para personalidades 2 é assim que funciona, já que elas buscam nos outros seu próprio reflexo. Românticas, dedicam-se à pessoa amada e esperam reciprocidade.

Profissão

A personalidade 2 funciona como eminência parda, uma influência sutil, portanto. Costumam ser bons assessores e assistentes, sempre como parte de uma dupla — naturalmente, a parte menos exposta, mas mais atuante nos bastidores. Gostam de ouvir as pessoas, interessam-se por elas, por isso podem ser bons terapeutas. Costumam ter noção de ritmo, podendo trabalhar com música. A diplomacia é outro campo fértil para essas pessoas tão hábeis em conseguir acordos nos quais ambas as partes saiam satisfeitas.

Profissões relacionadas: músico, matemático, pintor, dançarino, estatístico, livreiro, numerólogo, astrólogo, escritor, sociólogo, designer, médico, diplomata, servidor público, colaborador.

Saúde

Personalidades 2 são dadas a ciclos, como os da Lua. Podem ter problemas ligados aos líquidos do corpo. A saúde dessas pessoas depende muito da calma com que levam a vida. Precisam de tempo para contemplar, intuir, perceber, sentir, apreender. Com elas, nada se dá em rompantes, mas em ciclos rítmicos, previsíveis, ainda que enigmáticos. O contato com a água é fundamental, nem que seja um contato visual. Logo, morar perto de praias, lagos, rios ou lagoas lhes é sempre recomendável.

3 — TRÊS

Figura 7. Triângulo.

Analogias

Criatividade, criança, expansão, felicidade, expressão, arte, diversificação, sociabilidade, comunicação, ciúme, orgulho, evasão de energia, impraticabilidade, ar, inspiração, triângulo, Filho.

Análise

Considerando-se que 1 representa o macho e 2 representa a fêmea, a conexão entre ambos representa a criança, o filho, o resultado da união entre polaridades opostas. É um número de síntese e de essência. É a própria representação da lei do triângulo, a lei do equilíbrio das diferenças por meio da assimilação mútua. A influência desse princípio de 3 pode ser encontrada em quase todas as religiões e filosofias: o mantra universal AUM de três letras; Pai, Filho e Espírito Santo para os cristãos; o Sol, a Lua e a Terra para as religiões pagãs; as três letras principais do alfabeto hebraico, *Aleph*, *Mem* e *Schin*; Brahma, Vishnu e Shiva para os hindus; Osíris, Ísis e Hórus para os egípcios; Odin, Frega e Thor para os escandinavos; Baal, Astarte e Melkart para os

OS NÚMEROS E SUAS PERSONALIDADES

caldeus; Ormuzd, Ahriman e Mitra para os persas. A Grande Obra é dividida em três partes: a obra em negro, a obra em branco e a obra em púrpura[10]. Há três reinos: mineral, vegetal e animal. O tempo divide-se em passado, presente e futuro. Diz Hermes Trismegisto em seus escritos: "Portanto, sou chamado HERMES TRISMEGISTOS e tenho as três partes da sabedoria de todo o mundo"[11].

Personalidades 3 são de natureza dinâmica e estão sempre lidando com criatividade, mas não são práticas nem muito organizadas.

As principais origens de 3 são 12, 21 e 30. Os três guardam as características básicas de 3, como criatividade e comunicabilidade, mas 12 é o mais lento, o que não significa que não seja ansioso — o arquétipo deste número na realidade carrega muita ansiedade por dentro, o que pode causar frustração —; o tempo interno de 12 é mais rápido que o tempo externo. A composição 1 + 2 = 3 manifesta a trindade por meio da organização. É um número de aprendizado pela experiência. Há uma seção no Apocalipse que menciona uma árvore da vida que dava frutos doze vezes ao mês. A força de 1 é filtrada por meio da lenta movimentação de 2, daí que não há grande impacto inicial em 12. Entretanto, o efeito do número é perceptível, pois 12 é o arquétipo que "transforma" qualquer coisa em uma vibração paquidérmica e vagarosa.

O número 21 projeta a percepção e a sutileza de 2 por meio da rudeza de 1. Ele é o número do Mundo, pois consegue ter o feminino e o masculino em pleno intercâmbio: o feminino 2 na posição *yang* e o masculino 1 na posição *yin*. Isso explica a figura andrógina exibida no arcano 21 dos baralhos de tarô. Além disso, 21 é o resultado de 3 × 7, ou seja, a trindade da sabedoria, já que 7 representa o conhecimento (im)possível na Terra.

O que mais cabe dizer de 30 senão que este funciona da mesma forma que 10 e 20, sendo uma dissolução do número 3 original?

---

10. Westcott, *Os números*, p. 36-40.

11. Phelps, *The Universe of Numbers*, p. 201.

INICIAÇÃO À NUMEROLOGIA

O elemento de 3 é o ar, pois esse número é a inspiração necessária para a criação — e para a imaginação antes da criação — e representa o processo de comunicação que facilita a materialização (que vem com o número 4). O ar é intangível, não podemos vê-lo ou tocá-lo, mas podemos sentir seu efeito ao respirarmos, ou quando sentimos a brisa tocar nossa pele. Pensamentos também são assim: não podemos vê-los ou tocá-los, mas seu efeito é evidente nas pessoas e no mundo. A cor azul representa comunicação, e o chacra da voz e da expressão, localizado entre a laringe e a garganta, é associado a essa cor.

O Tao gera um;
Um gera dois;
Dois gera três;
Três gera todas as coisas.[12]

Princípio positivo: Alegria

Alegria e uma eterna combustão de criatividade são os aspectos mais fascinantes das personalidades 3. O que seria do mundo sem crianças, sem artistas e inventores? O número 1 abre o caminho, o número 2 prepara o ambiente recém-descoberto, enquanto o número 3 cria estéticas, soluções, ideias de uso do espaço. Personalidades 3 arejam o ambiente em que se encontram e servem de canal para que os demais se expressem e exercitem sua criatividade. Costumam ser engraçados, mas não maliciosos: seus gracejos nascem de uma visão irônica da vida.

Princípio negativo: Imaturidade

Sua infantilidade pode dificultar o trato quando as circunstâncias exigem seriedade, prazos e estratégias previamente arquitetadas. São os reis do improviso, mas nem sempre a criatividade que nasce da necessidade gera os resultados desejados. É preciso esforço e concentração para evitar condutas levianas e pueris que podem gerar tendências

---

12. Lao Tsé, *Tao Te King.*

vingativas e volúveis. Tendem a falar demais, tanto no sentido de excesso de verbalização quanto no de falar o que não devem na hora e lugar errados.

Espiritualidade

Personalidades 3 trazem em si características supersticiosas e sutis da mãe (2) e a impetuosidade do pai (1). Curiosas feito crianças, veem o mundo espiritual como um grande parque de diversões de possibilidades que nunca chegam a ser efetivamente pesquisadas. Não se aprofundam em detalhes, preferem vivenciar sua espiritualidade por meio de percepções da realidade essencial.

Relacionamentos

As relações de uma personalidade 3 dividem-se em companheiros de arte (seja arte "artística" ou travessuras) e figuras paternais/maternais. Sendo a criança que é, 3 liga-se a quem o segue em seus arroubos criativos/infantis ou a quem encarna a projeção da autoridade contra a qual se rebela.

Profissão

Saem-se melhor em profissões e atividades nas quais é possível se comunicar, se expressar, criar. Precisam lidar com ideias, estética, entretenimento. É raro que se adaptem a trabalhos monótonos e previsíveis (do tipo que faz a cabeça das personalidades 4).

Profissões relacionadas: jornalista, escritor, ator, artista plástico, publicitário, desenhista, locutor; profissões que envolvem comunicação e expressão.

Saúde

As vulnerabilidades de saúde de personalidades 3 geralmente se fazem notar na voz, na garganta, na boca, no esôfago e no aparelho respiratório — todos elementos da expressão e da vocalização, relacionados ao elemento ar. Esses problemas físicos costumam ser reflexo de uma expressão desmedida ou censurada, polaridades potencialmente destruidoras do carisma dessas pessoas.

4 — QUATRO

Figura 8. Quadrado.

Analogias:

Solidez, organização, racionalização, restrição, trabalho, retidão, confiabilidade, honestidade, paciência, lentidão, praticidade, tradicionalismo, imutabilidade, preconceito, repressão, retardamento, ignorância, limitação, violência súbita, cinza, quadrado, terra, o(a) Trabalhador(a).

Análise

Do nada (0) vem a unidade primordial (1), a qual foi feita (2) gerando contrastes — os quais vêm a ser harmonizados pelo equilíbrio de opostos (3). Mas era necessário que o fluxo criativo se transformasse em algo prático, funcional, o que não estava ocorrendo devido à falta de organização — o arquétipo 3 representa a flutuação e a fluidez de ideias, sem registro ou método que explore os potenciais e as descobertas. Para a personalidade 3, organização é morte. Para 4, é um prazer. Isso fica claro quando reparamos que há quatro triângulos dentro de um quadrado. Se pusermos um X dentro do quadrado veremos como

OS NÚMEROS E SUAS PERSONALIDADES

o arquétipo 4 representa uma evolução em relação ao 3 — evolução natural, não denotando aqui superioridade em termos de qualidade, assim como a criança não é inferior nem superior ao adulto, mas apenas uma etapa diversa entre as várias pelas quais uma vida humana pode passar. Essa característica metódica alude às qualidades de organização e bloqueio.

Sistemático, persistente, 4 é um número par, de natureza *yin* e sensível, mas ainda assim uma personalidade meticulosa e repetitiva. É como a água mole que bate na pedra dura por décadas, fazendo finalmente um buraco na rocha graças à sua enorme persistência. O número 4 representa o momento em que a pessoa deve ser irredutível no que diz respeito aos seus propósitos.

Esse número representa a fundação na qual tudo se baseia. É por isso que o elemento de 4 é a terra, representando uma pessoa racional e com os "pés no chão", de temperamento estável, mas perigoso caso perca o controle e irrompa em emoções violentas.

Assim como outros números *yin*, 4 é conservador e prefere passar por caminhos já trilhados e testados a tomar a frente do desbravamento. Às vezes é difícil para a pessoa do tipo 4 largar a tendência de classificar tudo e não reconhecer pessoas e coisas singulares — uma tendência a ser tão absolutamente "normal" que beira a anormalidade.

O número 4 indica um caráter confiável. É o sal da terra, o artesão. No corpo humano, o 4 é ligado à base do corpo — as pernas e pés. A própria organização do mundo ocorre em ciclos de quatro: há quatro estações (primavera, verão, outono, inverno); quatro pontos cardeais (leste, oeste, norte, sul); quatro elementos (fogo, água, ar, terra); quatro estados essenciais (quente, molhado, frio e seco); quatro operações matemáticas básicas (adição, subtração, multiplicação, divisão); quatro mundos cabalísticos (os mundos de emanação, criação, formulação e ação); quatro temperamentos (sanguíneo, linfático, bilioso, nervoso); e outras associações que observamos no dia a dia e na linguagem. Trismegisto escreveu:

INICIAÇÃO À NUMEROLOGIA

Seu pai é o Sol;
Sua mãe é a Lua;
O vento o carrega em seu ventre
E a terra é sua nutriz.[13]

As principais composições para esse número são 13 e 31. Todos conhecem a má fama do número 13. É certo que ele simboliza morte e corte, mas esses termos soam tenebrosos apenas para ouvidos materialistas acostumados a entender a morte como um fim em vez de como uma transformação. O que para a lagarta é morte para a borboleta é nascimento. O nascimento humano é a morte da alma, ao passo que a morte humana é o renascimento da alma. Por isso, no *Livro da Lei* pede-se uma festa para o nascimento e uma festa ainda maior para a morte[14].

O número 13 é a projeção da vontade de 1 por meio da dinâmica criativa de 3, resultando em um tipo mais inquieto de 4 — o que traz em si uma contradição, pois a natureza essencial de 4 é estável. Pode vir como uma vibração de preguiça e pessimismo, os piores aspectos da personalidade 4 — além de seu moralismo intrínseco. A separação faz parte do crescimento, mas se o arquétipo 13 for desenvolvido em seu sentido involutivo tenderá ao medo e à degradação. A mensagem é: mate para não ser morto. O número 13 indica o medo da morte, medo exagerado de perda, que pode mesmo chegar à obsessão por tais assuntos. Pode ser um número positivo caso a pessoa em questão possua reflexos e pensamentos ágeis e principalmente não seja preguiçosa ou lenta demais.

Já o número 31 representa um grande obstáculo, um muro altíssimo, uma montanha a ser escalada, a Noite Negra da Alma que vem antes do Áureo Alvorecer. A criança (3) deve cruzar sozinha (1) o grande obstáculo (4). A criança representa todos nós em nossos momentos de decisão. Sugere grande poder e coragem perante uma obstrução

---

13. Phelps, *O universo dos números*, p. 201.
14. Crowley, *The Law is for All*.

arquetípica, mas também grande frustração e bloqueio quando se teme e se aceita a obstrução, já que esta é apenas um instrumento de iniciação. Seu comportamento durante a iniciação determinará suas conquistas ou complicações cármicas, ou seja, todo o processo de causa e efeito. A adição teosófica tanto de 4 quanto de 13 e 31 resulta sempre em algum número de origem de 1. Por isso, 4 é um número passivo, ainda que resoluto.

Princípio positivo: Dedicação

O que seria do mundo sem o caráter laborioso e empreendedor das personalidades 4, aquelas que metem a mão na massa para construir edifícios e máquinas, constroem cidades e cultivam os campos? O canto da cigarra é bonito, mas quem construiu o violão que ela toca foi uma formiga — uma personalidade 4. Avessos a futricas e veleidades, costumam ser indivíduos confiáveis.

Princípio negativo: Obsessão

É preciso trabalhar, mas também é preciso tempo para brincar, relaxar, contemplar, não fazer nada. O trabalho exige descanso, tanto quanto o descanso tranquilo é a paga justa pelo trabalho realizado.

Espiritualidade

Conservadores e religiosos, costumam seguir os costumes sem questioná-los. Essas pessoas têm papel decisivo na conservação e transmissão dos costumes, ajudando a formar as culturas com suas peculiaridades. Mas esses mesmos ortodoxos podem provocar guerras e desentendimentos que perduram há séculos. A religião, a congregação — tão caros ao 4 — podem tanto religar ao cerne divino quanto desvirtuar do caminho em virtude do fanatismo e do conservadorismo radical.

Relacionamentos

Devido à confiança que inspiram aos amigos, colegas e amantes, costumam ter relacionamentos sólidos e duradouros. São pilares de sustentação e administradores de crises tanto em casa quanto no

INICIAÇÃO À NUMEROLOGIA

trabalho. Apesar de sua disposição de ouvir e orientar, não perdem tempo com veleidades e só desenvolvem laços de amizade com quem consideram sérios e confiáveis. Algumas personalidades 4 sofrem de uma sanha reformadora que as atrai a pessoas instáveis, as quais tentam conduzir ao que chamam de "bom caminho" — raramente conseguem.

Profissão

Lidam bem com hierarquia e burocracia, o que os qualifica para o trabalho em empresas. Atividades que envolvem organização, discriminação, repetição mecânica e espírito de sacrifício são as mais indicadas. Personalidades 4 gostam de se sentir úteis e de assumir responsabilidades. Apreciam trabalhos em que possam lidar com a terra, seja na superfície ou no subsolo. Atividades de construção e de demolição também são indicadas — sendo esta última especialmente recomendada para os números 4 que se originam de 16.

Profissões relacionadas: fazendeiro, agricultor, geólogo, militar, construtor, arquiteto, engenheiro, administrador, bibliotecário, mecânico, escultor, político, demolidor.

Saúde

Costumam gozar de saúde firme, com bom sistema imunológico, mas são suscetíveis a problemas com os pés e com a coluna. Também podem ser pessoas tensas, sofrendo problemas decorrentes desse estado, como enxaqueca, gastrite e outros. Não obstante, sua natureza resistente é um grande trunfo quando seu bem-estar é de alguma forma comprometido.

5 — CINCO

Figura 9. Pentagrama.

Analogias:

Liberdade, independência, rebeldia, adolescência, juventude, mudanças, viagens, progresso, evolução, sexualidade, os sentidos, prazeres, drogas, malícia, bebida, moda, futilidade, o pentagrama, promiscuidade, ironia, fogo, éter, o Iconoclasta.

Análise

Após 4 organizar tudo, alguma rebelião se faz necessária — eis a harmonia da vida: ação e reação. O número 5 vem para quebrar todas as regras designadas por 4; é o adolescente que odeia autoridades, o iconoclasta que adora chocar e chamar atenção. Cinco é o oposto de 4: enquanto 4 representa estabilidade, 5 é a imagem da surpresa e da incerteza — agora está num lugar; daqui a pouco, quem sabe. Por ser volátil, talvez não seja tão confiável, mas temos em 5 um exemplo de charme, entretenimento, diversão e sedução.

Os sentidos humanos são simbolizados por 5, por isso seu arquétipo representa a ampla satisfação dos prazeres por meio dos sentidos

INICIAÇÃO À NUMEROLOGIA

físicos. Daí vem a possível exacerbação do sexo ou das drogas — formas de alteração da mente. Pode-se dizer que o número 5 não tem uma personalidade definida. Odeiam rótulos e definições, sempre tentando escapar de tais coisas ao mudar o tempo todo, muitas vezes de maneira frenética e até incoerente. Que importa? São pessoas com a cara do momento, mudando de felicidade para tristeza em um minuto. Dizem algo agora, negam uma semana depois e afinal esquecem o assunto. São como atores, mudando de personalidade e de ponto de vista com a mesma facilidade com que respiram. Tendem a se transformar em algo novo (ou buscar novo ambiente, outras pessoas com que se relacionar) e depois reagir e buscar novidades.

Se considerarmos 5 como a conjunção de 2 (primeiro número feminino) e 3 (primeiro número de fato masculino, já que 1 é um número absoluto e capaz de gerar — ele gera o número 2 totalmente sozinho, por meio do fracionamento de si mesmo), perceberemos uma implicação sexual — 5 é o resultado de 2 (o primeiro humano do sexo feminino) e 3 (o primeiro humano do sexo masculino): uma adição, a conjunção de corpos sem intenção específica de procriação. Compare a soma de 1 + 2, que mostra o número 1, o semideus, copulando com 2, a mulher, para dar forma a um bebê, o número 3, o primeiro homem, Elohim. Implica procriação, tanto quanto a multiplicação 2×3, produzindo 6, é o glifo da família. Tudo isso esclarece por que personalidades 5 se interessam pelo ato sexual pelo que ele é em si. Além disso, sendo um rebelde, 5 não aceita regras e sua intenção é experimentar de tudo *in loco* — daí não ser incomum que passe por uma fase bissexual.

Dizem que houve em nosso sistema solar um quinto planeta que teria explodido e deixado apenas alguns asteroides em seu lugar. O arquétipo desse número é relacionado também ao pentagrama, símbolo de magia e proteção cujo formato é o do ser humano. Observe que os quatro dedos da mão não são tão funcionais sem a base do polegar. A adição teosófica de 5 resulta em 15, reforçando a tendência à paixão, à luxúria, mas com culpa — representada por 6, resultado da redução teosófica de 15. É como um católico que faz tudo o que sua religião não

OS NÚMEROS E SUAS PERSONALIDADES

permite, mas frequenta a missa todos os domingos para se "arrepender" dos pecados, achando que assim fica tudo certo — talvez até fique, já que cada ser humano funciona com seu próprio código de regras. Há dois tipos de ser humano, de acordo com o sistema de Thelema[15]: as estrelas — nossa condição natural, com suas órbitas e leis; e os planetas — representação da degeneração humana, já que os planetas circulam em volta de uma grande estrela — o Sol —, ou, simbolicamente, em volta de algo, de alguém, de uma entidade ou deidade. Para um ser humano, circular em torno de algo ou alguém é o mesmo que abdicar de sua Verdadeira Vontade e subjugar sua alma e mente a uma obsessão. Sendo um número volátil, 5 sugere viagens e mudanças.

Seus principais números de origem são 14, 23 e 32. O número 14 é um 5 atípico, devido ao seu bloqueio crônico, que pode ser vencido por meio de esforço paciente. Esse é o número da alquimia, do equilíbrio entre opostos. O 5 que vem de um 14 tem a típica ansiedade de todos os arquétipos derivados de 5, mas sua racionalização traz mais espessura ao número. O número 14 é como a água em um reservatório que arrebenta cedo ou tarde. Seu pior lado é a tendência a exagerar e radicalizar: pode ser a pessoa mais conservadora e reacionária por um tempo, até que de repente perde o controle e sua persona real irrompe em atitudes que revelam o que estava sendo reprimido e censurado. Quando se veem extravasando esse lado, essas pessoas ficam chocadas consigo próprias e voltam a cair no esquema de contenção emocional e vigilância de atitudes e palavras. Personalidades 14 devem estimular a própria necessidade de mudança, mas procurando manter a razão, do contrário estarão sempre se alternando entre a histeria e a repressão. Esse comportamento obsessivo pode se tornar um paradigma e essas pessoas podem acabar se acostumando à ideia de só usar seus sentidos físicos, ignorando a intuição e outras sensibilidades sutis.

O número 23 sugere discrição e delicadeza expressa com eloquência, o que dá origem a um tipo inquieto, porém consequente de arquétipo derivado de 5. Observe que ser consequente é qualidade

---

15. Thelema é o sistema esotérico desenvolvido por Aleister Crowley.

INICIAÇÃO À NUMEROLOGIA

rara em um número 5. Além disso, 23 é uma emanação de vaidade, mas também de senso de humor suficiente para não levar a vaidade a sério. Considerando o desenvolvimento natural de 23, percebemos que o começo dessa emanação traz o fulgor da adolescência e, à medida que se desenvolve, ganha maturidade — sempre um 5, com todo o furor de sua energia, mas mais concentrado em questões da vida adulta. Portanto, 23 é um número mais "fácil", considerando-se que segue o padrão normal de desenvolvimento, que parte do jovem para se encaminhar à maturidade, e não ao contrário, ou alternadamente, como ocorre com outros arquétipos.

Já 32 é a criança renascida, o bebê (3) que cai no limbo (2) para reaparecer como um 5 melhorado. Representa o Áureo Alvorecer alcançado por quem supera o obstáculo de 31. Há 32 caminhos cabalísticos da sabedoria. O brilho de 3 é filtrado pela delicadeza de 2, mas 32 pode também simbolizar uma grande mentira que se esconde detrás de um papo macio e envolvente. A curiosidade em relação a tudo que é escondido, misterioso, esotérico e exótico muitas vezes leva ao ocultismo. É um número de fogo se considerarmos os quatro elementos. Se considerarmos os cinco, é o éter.

Princípio positivo: Renovação

Após a estabilização promovida por 4, é preciso rever pontos de vista e lidar com imprevistos: a vida é dinâmica e o livre-arbítrio está presente o tempo todo. O número 5 representa as surpresas da vida, o sexo, a festa, a alegria — coisas típicas do ser humano, que formam a moldura da sociedade.

Princípio negativo: Inconsequência

Assim como seria impossível um mundo feito só de trabalho, como gostaria o número 4, também não é razoável — e o número 5 nunca é razoável — querer viver só em meio a festas e superficialidades. O exagero nas drogas, no sexo e nos prazeres volúveis pode levar à deterioração da personalidade.

Espiritualidade

Curiosidade é um dos traços fortes das personalidades 5, o que as empurra para o ocultismo, a religião e/ou a espiritualidade, apesar de sua típica resistência aos dogmas, o que explica o pendor a pular de uma seita para outra, de uma ordem esotérica a outra. São como beija-flores que gostam de provar várias flores. Podem ter períodos de crença em superstições, mas não duram. Manias podem se suceder.

Relacionamentos

Fidelidade sexual dificilmente é o forte dessa personalidade. Isso não significa que sejam pessoas necessariamente lascivas e incapazes de manter relacionamentos sérios, mas seu par precisa estar disposto a dar muita liberdade, pois à menor sensação de pressão ou cobrança a personalidade 5 se esvai e se distancia da fonte de repressão. A necessidade de desapego também vale para relacionamentos de amizade e familiares.

Profissão

Para conseguir a dedicação dessa personalidade, a atividade profissional precisa ser o mais distante possível da rotina e de horários rígidos. Essas pessoas gostam de trabalhar e produzem bastante, mas só quando estão se divertindo ao trabalhar. Não é possível extrair produtividade de um 5 por meio de ordem e disciplina, e sim por meio do fluxo de energia ativa e criativa. Glamour é sempre bem-vindo e desejável.

Profissões relacionadas: comissário de bordo, modelo/manequim, estilista, guia turístico, importador/exportador, piloto, comerciante, psicólogo, esportista, sexólogo, químico, detetive.

Saúde

São bastante vulneráveis a vírus e intoxicações, mas por outro lado têm enorme poder de regeneração e recuperação. Devem precaver-se contra problemas ligados aos órgãos sexuais, bem como evitar excessos de comida, bebida, drogas, vida desregrada e alimentação fast-food.

6 — SEIS

Figura 10. Hexagrama de traço único.

Analogias:

Harmonia, sociabilidade, a busca por perfeição e conciliação, família, estabilidade, solicitude, responsabilidade, cuidado, fidelidade, ciúme, amor possessivo, ódio guardado, trégua, conservadorismo, indecisão, dependência, mau julgamento, água, o Conciliador.

Análise

Como todo número reage ao seu antecessor, o iconoclasmo social de 5 tem seu contraponto no tradicionalismo afetivo de 6. Enquanto 5 precisa contestar, 6 precisa aceitar. É um número "família" e suas afeições têm raízes profundas. O número 6 representa pessoas buscando perfeição, mas não no mesmo sentido que o número 7, por exemplo. Digamos que 7 realmente encontra algum tipo de perfeição (por assim dizer, já que sabemos que a perfeição completa é algo inatingível), ao passo que 6 busca encontrar tal perfeição.

Personalidades 6 precisam de aceitação social e sua concepção de perfeição é ligada ao conceito segundo o qual a voz do povo é a voz de Deus. Isto é, havendo aceitação social, tudo bem; caso contrário, o indivíduo é um pária — a pior coisa para uma personalidade 6. Observe que tanto o arquétipo 5 quanto o 6 representam adaptação às circunstâncias, mas de maneiras diferentes: personalidades 5 são como um camaleão que se metamorfoseia de acordo sua necessidade ou desejo, enquanto personalidades 6 buscam o caminho do meio, a diplomacia e o bom senso, o que pode envolver tanto sabedoria quanto hipocrisia, dependendo do ponto de vista e do livre-arbítrio.

Não gostam de polêmica ou controvérsia, talvez por 6 ser um número matematicamente perfeito (resultado de seus divisores 1, 2 e 3). Além disso, 6 pode ser resultado da multiplicação desses divisores, o que confirma sua popularidade. A necessidade que essas pessoas têm de estar em bons termos com todos é impossível de ser totalmente realizada, pois, como diz o ditado, não se pode agradar a gregos e troianos. O número 6 é também resultado de 2 (a mulher) multiplicado por 3 (o homem), formando a família: o homem e a mulher multiplicam-se e geram bebês. Repare que, para personalidades 6, o sexo tem função de expressar amor, mas também de procriar, enquanto esse último fator não é importante para 5.

Números trinos como 3, 6 e 9 são ligados à comunicação, à arte e à expressão. Seis não é tão criativo quanto 3, mas é mais produtivo devido à sua maior capacidade de realização. Os pitagóricos diziam que 6 é a perfeição das partes e que após um período de 216 anos (o cubo de 6) todas as coisas se regeneram[16].

Costumam ser pessoas humanitárias. De acordo com o Gênesis, Deus criou o homem no sexto dia. O sexto sentido reúne os cinco sentidos "reais", mais um sentido extra, abstrato. A busca por estabilidade no amor pode virar posse quando a pessoa, ao tentar preservar o objeto de sua afeição, acaba por prendê-lo. Por outro lado, esse é o número cujo arquétipo emana maior fidelidade, o que explica sua reação contra tudo o que é novo.

---

16. Westcott, *Os números*, p. 54.

INICIAÇÃO À NUMEROLOGIA

Suas principais origens são 15, 24 e 33. O número 15 representa o tipo mais instintivo, passional e ousado de arquétipo derivado de 6. Produto de 3 × 5, é um tipo bastante híbrido de 6, misturando lascívia e culpa, com altas doses de sensualidade e agressividade. Por outro lado, 24 é bem diferente: composto de 2 e 4, suas estruturas são *yin*, frágeis, o que não traz uma boa origem para 6 ao reforçar seu sentimentalismo e vulnerabilidade; consequentemente, crescem o ciúme e a insegurança. Todavia, o número 24 não representa uma maldição. Se analisarmos o arquétipo 6, veremos que ele reflete uma pessoa que se deixa conduzir por algum drama imaginário, e há inúmeros modos de lidar com isso — maneiras de canalizar e direcionar criativamente o potencial dramático do arquétipo. O número 24 é o dobro de 12, e 12 é um número cujo arquétipo sugere sacrifício; portanto, a duplicação do sacrifício vira martírio. O número 24 erra por insistir no erro, pois já conhece a situação de vulnerabilidade que enfrenta, que vem a ser algo crônico. Esta é a maior diferença entre 12 e 24: 12 está aprendendo ao se sacrificar, enquanto 24 está se martirizando num erro recorrente. E 33 representa a libertação desse processo, uma iluminação espiritual que pode ser intensa a ponto de assustar, assim como olhar diretamente para o sol a olho nu pode levar à cegueira. A adição teosófica desses números é 3.

Princípio positivo: Simpatia

Costumam cuidar das pessoas, solucionam e gerenciam problemas de âmbito doméstico ou pessoal. Agem como se todos fossem da família. Seu senso de coletividade transcende a mera praticidade organizacional do número 4 — na verdade, essas pessoas buscam integração social e mesmo espiritual na comunidade à qual pertencem.

Princípio negativo: Intromissão

Considerar todo mundo parte da família pode virar invasão de privacidade. Personalidades 6 têm dificuldade com esse tipo de limite, pois, mesmo com a melhor das intenções, acabam invadindo terreno privativo. Isso pode gerar fofocas e intromissões graves. O ciúme e o sentimento de posse podem ser recorrentes.

Espiritualidade

Gostam de vivenciar sua religiosidade em sociedade. Aliás, política e religião se misturam muito na mente de personalidades 6, o que pode ser perigoso. Se evitarem esse problema potencial, poderão alcançar facilmente estados de paz mental que poucos conseguem. Se conseguirem sintonizar seu amor ao próximo sem invadir o carma alheio, conseguirão cumprir um de seus propósitos de vida.

Relacionamentos

Personalidades 6 são adoráveis, carinhosas, envolventes, românticas, dóceis. Sejam amigos, colegas ou amantes, são sempre calorosos e equilibrados — aparentemente. As crises de posse e ciúme podem complicar as coisas, mas, tendo isso sob controle, o resto flui bem.

Profissão

Como já vimos, o grande "barato" das personalidades 6 é cuidar das pessoas, nutri-las. Sendo assim, é fácil concluir que ambientes como hospitais e restaurantes, bem como atividades relacionadas a algum tipo de assistência social, costumam lhes cair como uma luva. Atividades artísticas também são recorrentes em personalidades 6, que não negam sua origem triangular.

Profissões relacionadas: médico, enfermeiro, cozinheiro, assistente social, veterinário, botânico, decorador, locutor, artista.

Saúde

Problemas hormonais ou de fertilidade. Sistema nervoso vulnerável. Podem desenvolver problemas cardíacos devido à influência de seu descontrole emocional.

7 — SETE

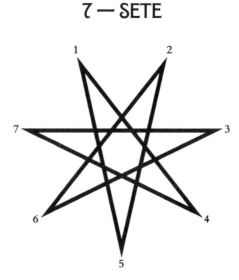

Figura 11. Estrela de sete pontas.

Analogias:

Inteligência, prudência, sobriedade, estudo, meditação, erudição, análise, filosofia, profundidade, espiritualidade, religião, crítica, introspecção, isolamento, cinismo, malícia, frieza, antiguidade, velhice, tradição, ar, cérebro, o Intelectual.

Análise

Esse é o único entre os primeiros dez números a não ser múltiplo nem divisor de nenhum outro número. O número 1 seria uma exceção a essa regra, contudo 1 não é um número, mas *o* número, como já vimos. Isso indica algo quanto à personalidade de 7: a tendência a se isolar, de se colocar à parte do que ocorre ao redor, como se estivesse fora das situações, analisando e criticando.

A espiritualidade é sempre associada à calma por algumas razões, e esse número é a imagem da tranquilidade — ao menos externamente. O fato é que 7 é provavelmente o número mais importante para vários sistemas religiosos. É o número dos ciclos vitais da Terra: sete dias da semana; sete dias para cada lua; a renovação das células humanas que acontece em ciclos de sete; sete notas musicais; sete cores do arco-íris; sete chacras; sete orifícios na face humana representando os sete sentidos e a luta por sabedoria. Segundo o Gênesis, a criação levou sete dias, e o sétimo não foi especificamente um dia de criação, mas de descanso e meditação em relação ao que fora criado. Alguns pitagóricos escreveram que 7, sendo composto por 3 e 4, significaria a união do humano e do divino. E os cristãos contam que, quando perguntaram a Jesus se deveríamos perdoar sete vezes, a resposta foi: "Não apenas sete vezes, mas setenta vezes sete". Aliás, o Apocalipse refere-se a sete igrejas, sete candelabros, sete estrelas, sete trombetas, sete cornos, sete taças, sete anjos, sete selos, sete flagelos, um dragão de sete cabeças e um cordeiro de sete olhos.

Suas principais origens são 16 e 25, obviamente representando opostos. O número 16 é como um trovão cortando que arrasta toda a sujeira e destrói tudo que é antinatural, mesmo aquilo a que nos acostumamos, mas que nos faz mal. Como Shiva, a personalidade encarregada do modo material e da destruição no mundo, de acordo com o *Bhagavad-Gītā*. O número 16 destrói apenas aquilo que já está apodrecido; é quase uma destruição "do bem", a despeito de quão desagradável possa ser quando ocorre. Resistir à destruição é o pior a ser feito ao lidar com o arquétipo 16, pois faz com que o lixo seja acumulado. O sofrimento então vem do apego. Mas há certos aspectos de 16 que podem ser os piores de 7, como fanatismo, ceticismo, depressão e pessimismo. Por outro lado, 25 reflete o aspecto mais intuitivo e ousado de 7, misturando dualismo e mutabilidade. Personalidades 25 parecem ter muito autocontrole, mas na verdade têm um vulcão em seu interior, indo de um extremo ao outro com facilidade.

A adição teosófica de 7 (1 + 2 + 3 + 4 + 5 + 6 + 7) é 28, número matematicamente perfeito; 16 resulta em 136 — cuja redução teosófica é 10; e 25 resulta em 325 — que também se reduz a 10/1, reforçando a individualidade de 7. O arquétipo 7 é chamado de "falso *yin*" por aparentar certa fragilidade mesmo sendo masculino (*yang*, ímpar). De fato, sua introspecção e discrição podem levar a uma interpretação equivocada de fragilidade. A expressão básica de 7 é a pergunta "por quê", à qual se acopla o máximo possível de nuances filosóficas. Essa pergunta é a raiz da sabedoria das personalidades 7, pois elas percorrem vários caminhos atrás da resposta. Atraem-se por tudo que é ancestral.

Princípio positivo: Inteligência

Uma das características mais marcantes do número 7 é ainda sua maior qualidade: sua capacidade de gerar uma espécie de "primeira transcendência", quando o ser alcança o primeiro estágio pós vida cotidiana, pós-normalidade. O arquétipo 7 representa o nascimento do ser como indivíduo (e "de perto ninguém é normal", já dizia o poeta), como um universo em sua própria órbita. Sua inteligência e espiritualidade são faróis para o povo.

Princípio negativo: Cinismo

A típica forma seca e crítica de ver o mundo das personalidades 7 pode se traduzir em arrogância. Descobrem coisas importantes e, na ânsia de dividir essas revelações, podem ignorar que a suposta descoberta pode já ser conhecida, ou que talvez não seja a hora ou o local de transmitir informações — e assim podem, sem querer, invadir processos cármicos alheios.

Espiritualidade

Movidos a espiritualidade, ainda que ateus ou agnósticos, têm um comportamento baseado na ética sutil da espiritualidade e na exploração dos campos da mente e da filosofia, o estudo da história, a busca de respostas às questões filosóficas essenciais e sempiternas. Podem ser grandes líderes religiosos ou políticos, artistas ou intelectuais de destaque.

Relacionamentos

Personalidades 7 são conhecidas como "frias", "distantes", "cerebrais". E são, é verdade. Mas isso não significa que por debaixo daquele peito aparentemente impermeável a emoções não bata um coração — e muitas

OS NÚMEROS E SUAS PERSONALIDADES

vezes dos mais sensíveis. Mas é preciso que o parceiro — ou amigo, ou colega, ou familiar — perceba o jeitão quieto e distante de 7 como sua maneira de expressar sua visão do mundo. Suas demonstrações de afeto são sutis. Sua afetividade se revela por meio de sua lógica e, por que não dizer, de sua tendência cerebral — ao contrário do que parece, aceitar a natureza "fria" de 7 só o deixará mais à vontade para liberar sua afetividade. Quando acusada de "frieza", a personalidade 7 costuma reagir mal, distanciando-se de verdade e emitindo ondas geladas de isolamento.

Profissão

Precisam trabalhar em isolamento. Não rendem bem em trabalhos de grupo, até porque não buscam liderança, e sim independência, o que é quase antagônico. Precisam de silêncio e costumam gostar de atividades de pesquisa, estudo e introspecção.

Profissões relacionadas: pesquisador, filósofo, historiador, ocultista, arqueólogo, museólogo, escritor, psicólogo, homeopata, terapeuta, professor, cientista, artista, parapsicólogo.

Saúde

O maior problema das personalidades 7 é uma tremenda tendência à depressão, à melancolia e mesmo à infelicidade. Isso se dá por serem mentes extremamente analíticas e críticas, que veem com facilidade as muitas falhas na engrenagem da sociedade, das pessoas e de si mesmos (a maior razão para a depressão é a descoberta das próprias imperfeições; afinal, trata-se de um número ímpar de forte componente narcisista, ainda que sua discrição de comportamento não transpareça isso). O segredo é canalizar a indignação com as falhas observadas para a vontade pessoal de polir e remediar tais faltas. Isso desvia a atenção da depressão e faz com que o maior dos problemas de saúde advenha de excesso de trabalho.

8 — OITO

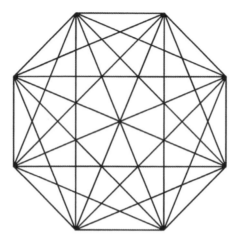

Figura 12. Octógono.

Analogias:

Justiça, ajustamento, questões materiais, *karma*, verdade, correção, lógica, objetivo, prosperidade, realização, administração, linearidade, militarismo, poder, ambição, vingança, opressão, violência, terra, ossos, lei, a Autoridade.

Análise

Enquanto 7 representa a mente e o espírito, 8 representa o corpo e a matéria, dinheiro, posses, saúde. Após 7 conquistar o domínio da mente, 8 surge para assegurar a manutenção da matéria: quitar as contas, cuidar do corpo para mantê-lo saudável. A matéria não é inimiga do espírito! Isso seria o mesmo que dizer que a noite é inimiga do dia, e sugere algum medo não resolvido.

Algumas pessoas tentam controlar aquilo que temem negando seus temores. É tolice dizer que a "matéria não existe". Mas é possível ter diferentes pontos de vista e formas de usar a matéria. O fato é que a matéria tem sido difamada por vários grupos religiosos que ignoram

OS NÚMEROS E SUAS PERSONALIDADES

que lidar com ela é parte fundamental do exercício da espiritualidade. O próprio número 8 demonstra isso, afinal, mesmo sendo 8 o algarismo da matéria e da ambição, é também o símbolo matemático do infinito, ∞, o que evidencia a conexão entre matéria e espírito, entre finito e infinito. A matéria é a trilha para o espírito, a ponte para o infinito.

Claro que alguns aspectos de 8 não são assim tão nobres, pois o arquétipo inclui também um potencial de avareza, repressão e autoritarismo. E qual número/arquétipo é perfeito? Vamos combinar que nenhum. Todo arquétipo — logo, todo número — tem sua sombra. E essa sombra não deve ser demonizada, pois é interessante em muitos sentidos. Se todo veneno traz em si o antídoto, toda sombra traz em si chaves para a compreensão do ego.

Às vezes uma personalidade 8 mal resolvida esquece seu passado recente — o número 7 — na jornada arquetípica, e, quando isso ocorre, a pessoa se sente vazia e artificial como um rico enfadado. Daí a importância de fortalecer a espiritualidade antes de mergulhar na matéria — nessa ordem.

Há um velho provérbio grego que diz: "Todas as coisas são 8"[17]. É um falso *yang*, o oposto do "falso *yin*" 7. O número 8 parece um tubarão e pode ser tão agressivo quanto esse animal. Contudo, os ataques de 8 costumam ser de autodefesa.

Às vezes a falta de autoconfiança gera vencedores: certas pessoas precisam vencer desesperadamente para poder se esconder por detrás de suas realizações. A personalidade 8 usa uma armadura e parece enorme, mas na realidade é delicada e sensível por dentro. O esforço de carregar a armadura como se fosse uma segunda pele causa a tensão típica desse arquétipo. Algumas personalidades 8 são dadas a explosões ocasionais como forma de liberar a energia densa reprimida.

As principais origens de 8 são 17 e 26. A primeira é considerada auspiciosa, sendo ligada à deusa egípcia Nuit, a deusa da noite, cujo

---

17. Westcott, *Os números*, p. 68.

corpo é a morada das estrelas. Em 17, o impulso principal de 1 se encontra em uma propícia polaridade *yang*, como ocorre com todos os números entre 10 e 19. Essa energia vigorosa é canalizada por 7 — que é *yang*, mas também um "falso *yin*", o que harmoniza a localização de 7, além de sugerir um arquétipo 1 mais concentrado. O 8 resultado é mais concentrado do que o número de origem seguinte.

Derivado de 2 e 6, o número 26 sofre do mesmo problema de 24: é totalmente *yin*, sendo 2 o elemento dominante do conceito que passa por 6 e termina em 8. Se visualizarmos os números como uma interconexão, veremos a fragilidade dessa combinação. É possível, de toda forma, encontrar força e iluminação nos caminhos de 24 e 26, mas é preciso uma natureza muito específica e incomum, capaz de domar um buraco negro — que é o que são tais números: eles não têm matéria em sua composição; têm antimatéria, uma reação à matéria em vez de uma não existência da matéria em si — o que seria uma característica típica do número 0.

Princípio positivo: Justiça

Personalidades 8 são pessoas que compram causas e se deixam levar pelo sentimento de justiça, procurando fazer prevalecer o bom senso e a honestidade. Não têm medo de trabalho pesado, mas também não se contentam em marcar passo; precisam estar sempre crescendo e se expandindo. Após dominar princípios básicos sobre a mente, a alma e o espírito, a personalidade 8 pode materializar sua prosperidade de ideias e conhecimento.

Princípio negativo: Mediocridade

Se, por outro lado, não houver desenvolvimento intelectual e espiritual, a capacidade de transformar tudo em ouro vira o dom de transformar tudo em lata: é preciso haver prosperidade mental e espiritual para poder criar belas coisas no campo da matéria. Quando cai nas mãos erradas, a capacidade realizadora do número 8 pode produzir verdadeiras perversões econômicas; pessoas que não têm limites em sua ambição e avareza e, portanto, agem como um câncer na Terra.

Espiritualidade

A espiritualidade ocupa um papel prioritário no equilíbrio das personalidades 8 devido à naturalidade com que produzem matéria, a qual, desprovida de conteúdo, se mostra inútil. Entretanto, a maioria das personalidades 8 se vincula a algum sistema religioso, até por uma questão social — essas pessoas gostam de práticas religiosas em grupo, já que, por serem números de polaridade passiva e feminina, não suportam bem a solidão.

Relacionamentos

Por não suportarem bem a solidão, personalidades 8 tendem a relacionamentos longos. É comum que se casem cedo e constituam família, embora não se dediquem a ela tanto quanto as personalidades 6, as quais, quando trabalham muito, o fazem pensando na família e em melhorar suas condições, ao passo que a primeira motivação de uma personalidade 8 no mesmo tipo de circunstância seria mesmo a autorrealização e a satisfação de sua ambição e vaidade. Não que os "nativos" de 8 sejam insensíveis — seu senso de responsabilidade os impede de serem distantes. Mas nada se consegue com esses indivíduos por meio de chantagem, embora o complexo de culpa seja um calcanhar de Aquiles das personalidades 8. De toda forma, são pessoas confiáveis e estruturadas, mas podem ser de difícil trato quando se sentem financeiramente subjugadas.

Profissão

O número 8 é uma versão amplificada do número 4 — esta é, inclusive, uma verdade matemática. Mas a diferença de postura profissional entre ambos é flagrante, já que personalidades 4 tendem a ser o colaborador, o operário ou mesmo o gerente, enquanto o número 8 é aquele que sempre quer mais, que é competitivo e quer crescer. Personalidades 4 costumam ser humildes, mas personalidades 8 querem se expandir sempre mais. Gostam de trabalhos relacionados a minerais, a grandes conglomerados industriais. Saem-se bem na área de entretenimento.

Profissões relacionadas: economista, advogado, juiz, banqueiro, negociante, industrial.

Saúde

Tendência a retenção que pode se manifestar como pedras nos rins, intestino preso, problemas nas articulações e no coração.

9 — NOVE

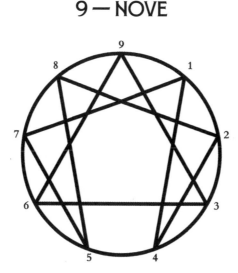

Figura 13. Eneagrama.

Analogias

Tripla trindade, evolução, impulso, desenvolvimento, dinamismo, criatividade, liberalidade, filantropia, internacionalidade, infinitude, simpatia, pressa, ação, exagero, indiscrição, sentimentalismo, fogo, visão, megalomania, o Cosmopolita.

Análise

Esse número representa o fim da jornada arquetípica dos números essenciais. Após 9, todos os outros são repetições dos arquétipos essenciais, exceto os números mestres 11 e 22. Essa qualidade de transformação e desenvolvimento se relaciona intrinsecamente a 9, pois, se o somarmos a qualquer outro número, o resultado será um número composto que, submetido à redução teosófica, retornará ao número inicial que foi somado a 9. Por exemplo: 7 + 9 = 16 e 1 + 6 = 7. Assim, quando 9 trabalha com outros números, acaba por "empurrá-los" para a frente. Representa evolução, mas também pode ser um tanto invasivo com a desculpa de ajudar pessoas que na verdade não querem ajuda alguma.

Mesmo com todas as qualidades humanitárias associadas a 9, não podemos esquecer que se trata de um número *yang*. Ou seja: ego inflado, o que fica mais evidente quando observamos que, ao multiplicarmos qualquer número por 9, o resultado será sempre um retorno — providenciada a redução teosófica — ao próprio 9. Se, além disso, somarmos as extremidades dos outros números essenciais, teremos 9 de novo, como você pode ver a seguir.

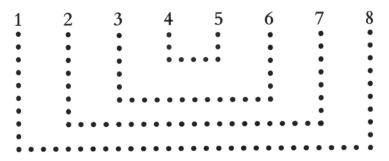

Figura 14. A relação entre 9 e os 8 números anteriores

O número 9 representa a divina manifestação nos três níveis: o mundo da alma, o mundo da mente e o mundo da matéria. É também um número essencial para a cosmogonia druídica, como se pode notar pelas 81 Tríadas, que são a base do estudo desse sistema místico. Nove é resultado de 3 × 3, manifesta a Tripla Trindade e é um número magnético e energético.

Personalidades 9 tendem a ser incansáveis e impetuosas, nunca tediosas, mas facilmente entediadas. Esse número contém em si todos os arquétipos anteriores, daí a facilidade em lidar com a diferença e a ausência de preconceito que faz parte do arquétipo 9. Para essas pessoas, o presidente e o soldado são igualmente importantes, partes de uma engrenagem e sobretudo seres humanos. Essa qualidade acelera a tendência ao exagero e à megalomania, mas é fácil perdoar quando se percebe que 9 é aquele que empurra os outros números para a frente, sempre cooperando para manter o ritmo do progresso.

OS NÚMEROS E SUAS PERSONALIDADES

Não é um número de pessoas discretas: adoram fazer cena e muitas vezes chegam a se comportar como se as ruas fossem um palco virtual.

Fronteiras fazem parte do simbolismo de 9, no que representam de passagem para outra realidade — fronteiras existem para serem ultrapassadas. Não há limites para 9, não há lugares e gente nova demais para conhecer, nunca é o bastante. O encontro de um 5 com um 9 resulta em muita agitação, mudanças, decisões súbitas e coisas de natureza volátil.

Suas principais origens são 18 e 27. O primeiro é considerado um tanto sinistro por alguns, mas os amantes da noite podem percebê-lo como envolvente e excitante. O número 18 representa a escuridão do inconsciente, a caixa de Pandora dentro de nós, que contém medo, insegurança, ódio, luxúria, inveja, cobiça — sentimentos que tendemos a negar e esconder, um mecanismo que acaba por fortalecer e alimentar aquilo que pretendemos erradicar de nossa mente. Não se pode combater algo que se finge não existir. O número 18 simboliza o conhecimento e a aceitação dessas coisas; é um arquétipo de superação de problemas relacionados ao nosso lado mais sombrio.

Tanto o demônio quanto o anjo são partes de nós, e o medo do escuro é o medo de nosso próprio demônio interno. Como está escrito no *Caibalion*[18], "Para aquele que é puro, todas as coisas são puras; para os vis, todas as coisas são vis e baixas". É muito comum encontrar o número 18 em mapas de líderes religiosos, o que significa que seu lado mais escuro os projetou na busca da luz. O número 18 é também relacionado ao 666 (6 + 6 + 6 = 18), um número que alterna aspectos sagrados e profanos, dependendo do ponto de vista.

Por outro lado, o número 27, como origem de 9, o sugere mais cordato e tranquilo (para os padrões de um arquétipo 9, veja bem), pois a lentidão de 2 misturada à razão de 7 gera um padrão sólido para 9, que é então capaz de se expandir sem tanta ansiedade, com mais parcimônia.

---

18. Três Iniciados, *O Caibalion*.

Princípio positivo: Expansão

Personalidades 9 têm a capacidade de conectar polos díspares. O conceito inicial de globalização — integrar povos e culturas ao mesmo tempo que se preservam suas identidades e peculiaridades — é típico do número 9. São pessoas que buscaram, ao longo da história, flexibilizar e alongar o trabalho diplomático e humanitário. Sua criatividade e capacidade de expressão inspiram os outros a ter mais tolerância e curiosidade para com o diferente.

Princípio negativo: Ansiedade

A globalização tanto pode arejar a comunicação no mundo quanto ressaltar as diferenças entre os países. Note que o número 9 não exerce um espírito democrático, e sim progressista. Ele está sempre a olhar para a frente, seja movido pelo mais puro idealismo ou pelo oportunismo (nenhum número é bom ou mau em si, como sabemos). O estresse da vida moderna, a correria, a falta de tempo, o nervosismo, tudo isso são aspectos negativos do número 9.

Espiritualidade

Existe uma aflição nas personalidades 9 que lhes é típica e pode levá-las a negligenciar a própria espiritualidade. Quando isso acontece e elas se veem sofrendo um revés, tendem a recorrer a algum tipo de religião, culto ou crença de modo afoito, o que pode resultar tanto em revelação quanto em fanatismo. A curiosidade por culturas exóticas pode levar ao encontro da espiritualidade em algum sistema religioso diferente de sua própria cultura. Como tendem a liderar e costumam ser carismáticas, não é incomum que se encontrem muitas personalidades 9 entre os líderes espirituais de diversos cultos — ou políticos, o que vem, cada vez mais perigosamente, contaminando a política nacional.

Relacionamentos

Personalidades 9 têm dificuldade em se manter "fiéis" em relacionamentos amorosos, não por terem uma libido inflamada como a de 5, mas porque esses indivíduos vivem cercados de pessoas, grupos, causas, projetos — é difícil estar a sós com uma personalidade 9. Isso pode acabar gerando brigas e ciúmes, mas, quando o parceiro tem o mesmo gosto por viagens, mudanças e grandes grupos de pessoas, ambos podem compartilhar das mesmas coisas e formar um par inseparável. Em termos de amizade, personalidades 9 costumam ser os melhores amigos que se pode esperar — mas não lhes cobre exclusividade nem faça papel de vítima, pois não vai funcionar. Relacionamentos de família e trabalho podem se pautar pelas mesmas bases.

Profissão

Há muitas semelhanças no âmbito profissional entre os números 5 e 9. Ambos precisam de movimento, ausência de rotina, ambientes criativos e libertários para poder exercer bem suas funções.

Profissões relacionadas: artista, ator, decorador, guia turístico, comissário de bordo, importador/exportador, assistente social, porta-voz, ocultista, médico, político, esportista, ilustrador.

Saúde

Sua notória ansiedade pode originar os mais variados problemas de origem psicológica, que acabam por influenciar o corpo. Tendência a enxaquecas e a tensão muscular. Problemas respiratórios também não são incomuns. Terapias como ioga e tai chi são particularmente indicadas para personalidades 9 por tratarem a raiz da maioria de seus problemas de saúde física e psicológica: a ansiedade e o autocontrole.

INICIAÇÃO À NUMEROLOGIA

11 — ONZE

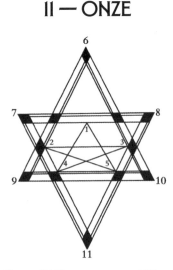

Figura 15. Hexagrama pentáfico.

Analogias

Revelação, originalidade, atemporalidade, exotismo, inspiração, idealismo, extravagância, modernidade, fanatismo, loucura, iluminação, incompreensão, dificuldade de comunicação, degradação, ar, o novo milênio, o Visionário.

Análise

Esse é um dos números mais complexos e fascinantes. Polêmico, considerado maldito por uns e sagrado por outros, sua natureza é inconstante e indefinível. Dois números 1 compõem 11; há um duplo elemento masculino. Contudo, se fosse reduzido, o resultado seria 2, símbolo essencial de feminilidade. O número 11 traz um simbolismo misturado, ambíguo e até andrógino. É fácil reconhecer o simbolismo típico de 11, pois é o da fuga dos clichês. Homens do tipo 11 são ambíguos, mas não necessariamente afeminados; e o mesmo ocorre quanto às mulheres, que são mais fortes que o normal, mas não exatamente masculinizadas. O arquétipo 11 recusa-se a assumir rótulos, de quaisquer espécies.

OS NÚMEROS E SUAS PERSONALIDADES

O número 11 tem sempre estado à frente de tudo, na ponta, sempre antecipando as tendências do futuro. É o número da revelação: havia onze apóstolos fiéis a Cristo que propagaram sua mensagem[19]. Ainda assim, no *Livro da Lei*, que é tido como uma reação ao cristianismo, está escrito: "Meu número é 11, assim como todos os números que são de nós"[20]. Seja como for, a má fama de 11 nos círculos esotéricos e religiosos é tão histérica quanto a reação machista à feminilidade do número 2: um preconceito desenvolvido pelas mesmas fontes de ignorância. Não é coincidência que ambos os números que representam a Grande Mãe sejam demonizados pelos sistemas religiosos de nossa sociedade — ainda — patriarcal. Os judeus, por exemplo, sabem que 11 é o número de Lilith — e alguns odeiam o número por causa dessa associação, já que Lilith representa a insubordinação feminina perante o homem (que tenta ser) dominador. Lilith foi a primeira mulher de Adão, criada antes (ou ao mesmo tempo) dele. De acordo com Barbara Black Koltuv, Lilith é como um instinto renegado enviado por Deus para viver nas regiões inferiores — ou seja, com os humanos[21].

Representa iluminação e/ou insanidade. Cabalistas tradicionais associam o número às *Sephiroth* Adversas. Dion Fortune escreveu: "As fórmulas usadas por Crowley poderiam ser consideradas adversas e maléficas por cabalistas tradicionais, porque ele usa 11 ao invés de 10 como o número de grupos de batidas em cerimônias mágicas, e 11 é o número das *Qliphoth* ou *Sephiroth* Demoníacas; portanto, um grupo de 11 batidas é uma invocação das *Qliphoth*"[22]. Para católicos, é símbolo de pecado e penitência, pois excede o número de mandamentos (10) e é menor do que 12, número de "graça e perfeição". Santo Agostinho teria dito que 11 é a insígnia do pecado[23]. No entanto, é o resultado de 5 e 6, união de micro e macrocosmo representada

---

19. Sabellicus, *A magia dos números*, p. 36.
20. Crowley, *The Law is For All*, p. 50.
21. Koltuv, *The Book of Lilith*, p. 20-26.
22. Fortune, *Magia aplicada*, p 69.
23. Chaboche, *Vida e mistério dos números*, p. 161.

pelo pentagrama pentáfico. Seguidores de Pitágoras diziam que 11 marca o início de um nível de consciência mais elevado: o Caminho do Bode, ou da Serpente.

Personalidades 11 costumam ser intrépidas, arrogantes e diferentes. Querem apenas ser o que são, não ligam para simpatia. São canais de intuição e de energia telúrica. Sua origem básica é 29, um 11 mais delicado, gentil e sociável, mas não o bastante para ser considerado "normal". O número 11 direciona-se a 66 — número de equilíbrio e perfeição — pela adição teosófica, enquanto 29 resulta em 435, mostrando seu objetivo de maior contenção, senso de equilíbrio e comunicação. Esse é o verdadeiro número da Nova Era. Eliphas Lévi escreveu: "11 é o número da força, da luta e do martírio... Cristo morreu entre dois ladrões e levou um deles para o Céu"[24].

Princípio positivo: Visionário

Se o número 1 é aquele que abre caminho para os demais, 11 é aquele que lhe indica, nas entrelinhas, o caminho a tomar. É a "iminência parda". Além disso, toda sociedade precisa de indivíduos que fujam de categorizações e limitações, personalidades que surpreendam, indiquem novos caminhos, fujam às regras. Essas pessoas — as personalidades 11 — arejam a sociedade e a impulsionam ao progresso, seja no campo espiritual, artístico, científico, político etc. Mediunidade.

Princípio negativo: Arrogância

Sua arrogância vem acompanhada de uma tendência a quebrar regras compulsivamente, como um rebelde sem causa. Sua antena parabólica capta todo tipo de ondas, as desejáveis e as indesejáveis, e é preciso equilíbrio para lidar com essas captações sem se deixar tragar. O grande diferencial de sobrevivência de uma personalidade 11 é sua capacidade de filtrar as ondas, sem se deixar confundir.

---

24. Lévi, *The Key to the Mysteries*, p. 42.

OS NÚMEROS E SUAS PERSONALIDADES

Espiritualidade

Mesmo que a pessoa em questão não seja ligada a uma religião ou culto, a essência do simbolismo de uma personalidade 11 é sua espiritualidade, tanto quanto a essência de 7 é a intelectualidade e a de 6 é a família. As personalidades 11 volta e meia se encontram em situações em que a espiritualidade é determinante. Sentem grande atração por cultos exóticos, não tradicionais, alternativos e obscuros.

Relacionamentos

Pessoas "comuns" dificilmente conseguem manter relacionamentos amorosos com personalidades 11. É preciso certo nível de "anormali-dade", ou mesmo de tolerância ao incomum, para ficar à vontade com essas pessoas. Por outro lado, amizades e sociedades com pessoas de tipos bem diferentes podem dar certo. Não se deve esperar uma linha definida de ação: transformações aparentemente incompreensíveis fazem parte do todo de suas personalidades.

Profissão

Coerência não é seu forte: esses indivíduos têm uma concepção muito própria do termo. Quanto mais progressista e incomum for o ofício, melhor será seu desempenho.

Profissões relacionadas: artista (geralmente ligado a movimentos inovadores), filósofo, sociólogo, analista de sistemas, ocultista, inventor, químico, terapeuta alternativo. Podem se destacar na política.

Saúde

Essas pessoas podem sofrer problemas de ordem nervosa e perturbações psiquiátricas: um fio tênue divide a loucura e a iluminação, e precisam exercitar o controle sobre essa fronteira entre loucura e sabedoria. Tendência a insônia ou enxaquecas.

22 — VINTE E DOIS

Figura 16. O Livro.

Analogias

Desapego, passividade, cooperação, realização, filantropia, dissolução, audácia, intensidade, trabalho, obstáculo, repressão, incapacidade, ruína, megalomania, sabedoria, intuição, percepção, lógica, idealismo, água, consecução, o Realizador.

Análise

Esse é o segundo e último número que não devemos reduzir. Sua sombra é 4, e, sendo 22 uma vibração elevada e muitas vezes difícil de alcançar, pode ser "mais fácil" tentar "ser" um número 4 em vez de desenvolver os peculiares talentos de 22. A missão do número 22 é muito específica, pois os obstáculos são tantos que só mesmo um alpinista espiritual poderia trilhar essa senda. Mas, se a pessoa refletida pelo arquétipo 22 procura escapar fazendo o papel de "personalidade comum" próprio do arquétipo 4, é o mesmo que um especialista fingindo não entender do seu campo de estudo. Claro que os indivíduos têm o livre-arbítrio de assim agir, e eu defendo esse direito. Mas, independentemente disso, é um desperdício quando pessoas marcadas pelo número 22 ficam com medo de ser excessivamente brilhantes, cosmopolitas demais, muito

OS NÚMEROS E SUAS PERSONALIDADES

profundas ou particularmente interessantes, e nisso reside sua grande diferença para com o número 4 — o qual, mesmo talvez sendo tão ou mais brilhante que 22, cerca-se de uma atmosfera de discrição que não é característica de personalidades 22.

Por outro lado, megalomania é definitivamente um dos maiores problemas advindos do arquétipo 22. A prudência é altamente recomendada. Pode-se dizer que 22 é um número radical, tanto quanto 11, mas com a diferença de que o arquétipo 11 representa controle de tudo, ao passo que o 22 é controlado (apesar de parecer deter o controle), como um túnel para a passagem do vento, um instrumento conscientemente passivo, a despeito de toda a sua aparente atividade — e nisso reside seu mistério. Essas pessoas não buscam controlar nada, preferem fechar os olhos e deixar uma parte de seu eu (uma deidade?) operar.

Simboliza o ato de tomar conta de outros num sentido transcendental. Seu poder é basicamente um antipoder, um poder velado, não explícito — passividade como forma de ser ativo. Devoção como instrumento de libertação. Podemos dizer que esse número representa a negação do eu inferior como forma de afirmar o eu superior. Isso pode — e deve — ser uma forma de iluminação. Mas vamos meditar sobre a perfeição das coisas imperfeitas: 22 sofre, teoricamente, do mesmo problema de 24 e 26, ou seja, uma composição totalmente *yin*. A diferença é que não há um resultado de 22 (o número não passa por redução teosófica), portanto a vibração *yin* se processa de maneira um pouco diferente. Sendo 22 um número mestre, ele lida com o problema da passividade em outro nível. Isso ocorre, por exemplo, quando se enfatiza a passividade e os defeitos ao máximo, de forma a provocar uma epifania ou iluminação. Esse é o Caminho do Cordeiro, ou da Pomba. A conjugação dos caminhos da Pomba e da Serpente formará o Caminho de Abraxas, 33.

Há 22 arcanos maiores nos baralhos de tarô; 22 números-letras no alfabeto hebraico; 22 capítulos no Apocalipse. Segundo Isidoro de Sevilha, Deus criou 22 coisas nos seis dias de criação: no primeiro dia, a matéria informe, os anjos, a luz, os céus superiores, a terra, a água e o ar; no segundo dia, o firmamento; no terceiro dia, os mares, as sementes, as ervas, as árvores; no quarto dia, o Sol, a Lua e os planetas; no quinto dia, os peixes, os répteis e os pássaros; e, no sexto dia, as bestas, os animais domésticos e a raça humana[25].

Esses indivíduos podem ser progressistas e bem-sucedidos, mas também travados e tensos. Parecem donos da verdade, mas são generosos. Sua megalomania pode elevá-los ou destruí-los. O verso 22 do capítulo 8 do *Bhagavad-Gītā* diz que "só se alcança a Suprema Personalidade de Deus por meio de devoção pura".

Princípio positivo: Colaboração

São os verdadeiros organizadores da sociedade, seja pela magnificência dos seus projetos ou pelo alcance dos seus planejamentos, no âmbito profissional, social ou familiar. São autênticos "reformadores", mentes progressistas que mantêm os acertos das gestões anteriores enquanto buscam novas soluções e caminhos. São condutores de rebanhos.

Princípio negativo: Fanatismo

Salvadores da pátria, podem ser líderes inspirados — quem sabe até *divinamente* inspirados, se assim quiserem os mais religiosamente afoitos. Não obstante, muitos dos maiores equívocos e aberrações da história — Hitler, por exemplo — nasceram em meio a uma aura de "líder inspirado" ou "salvador da pátria". A tendência que essas personalidades têm de *reformar* as pessoas em algum nível, especialmente em termos espirituais, é invasiva e arrogante. Devem procurar reformar apenas quem pede reformas, e sem impor sua própria visão como se tivessem alguma conexão exclusiva e direta com Deus.

Espiritualidade

Mais ainda do que para as personalidades 7 e 11, a espiritualidade é parte essencial da existência das personalidades 22. Muitas vezes pessoas desse tipo "baixam" suas ondas vibratórias e vivem como

---

25. Sabellicus, *A magia dos números*, p. 37.

OS NÚMEROS E SUAS PERSONALIDADES

números 4, mas nunca são plenas e realizadas dessa forma — ficam como animais criados em cativeiro. É importante que as personalidades 22 expandam ao máximo e por todas as maneiras que lhes atraiam sua própria espiritualidade. Esse não é um número de restrições, que podem resultar até em problemas de saúde.

Relacionamentos

Assim como os parceiros de personalidades 9 precisam ser companheiros de viagem, os parceiros de personalidades 22 precisam ser companheiros espirituais. Uma profunda comunhão ética e de intenções permeia a atração que essas pessoas sentem por outras. Não se impressionam com a mera estética nem com demonstrações de afeto e amor: sintonia é o que conta, comunhão é o que vale.

Profissão

Já sabemos que 22 pode se esconder na pele de um modesto 4, assumindo alguma de suas funções típicas. A outra opção é abrir as asas e revelar seu potencial industrial, social, missionário, bem como seu talento para extrair o lado produtivo das pessoas.

Profissões relacionadas: diplomata, humanista, gerente, agente, industrial, comércio internacional, educador, escritor, advogado.

Saúde

Como citado na seção sobre espiritualidade, a conformação ou mesmo a busca de uma vida de padrões modestos ou limitados podem ser fatais para a personalidade 22. Isso não significa que a pessoa tenha de ser famosa nem rica, e sim que precisa estar sempre expandindo os limites da sociedade e agindo em grande escala, afetando muitas pessoas, seja por ativismo, caridade, colaboração, como chefe em indústrias ou como associado, não importa. A não realização desse potencial leva a problemas de saúde dos mais variados tipos.

NÚMEROS ADICIONAIS

Agora vamos a uma análise sucinta dos números de origem de 34 a 100.

34/7 — Busca por independência; liderança, criatividade, elitismo, rudeza, crítica, inteligência, método, rigor, formalidade, impaciência. Pessoas simbolizadas por 34 são rápidas quando começam algo, mas não costumam manter o ritmo, tornando-se lentas com facilidade.

35/8 — Expansão, crescimento, desenvolvimento, grande ambição, vaidade, riqueza, fluência, pessoa atraente, ambiguidade, equilíbrio yang/yin, mudança, dinamismo, modernidade, arrogância, narcisismo.

36/9 — Consecução, totalidade, universalidade, determinação, insistência, imaginação, adaptabilidade perante os obstáculos, compaixão, inconsequência. O número sagrado usado por Pitágoras para jurar fidelidade. A composição de 36 resulta em 666, o número do quadrado mágico[26] do Sol.

37/10/1 — Independência, destemor, ousadia, liderança, poder mental, maturidade, implacabilidade, imaginação, fertilidade, egocentrismo, teoria, dominação, rudeza.

38/11 — Intuição, visão, adaptabilidade, riqueza, talento criativo e administrativo, sonhos proféticos, autoindulgência, percepção de energias sutis.

39/12/3 — Romantismo, delicadeza, senso de humor, maturidade, disposição, teorização, atraso, comunidade, pesquisa, sabedoria. Tranquilidade e placidez por parte do número 12, apesar da intensidade dos vibrantes números 3 e 9.

40/4 — Esse arquétipo anuncia bloqueios e obstáculos, mas geralmente vêm para o bem, ajudando a desenvolver sabedoria e trazendo senso de oportunidade. Purificação antes da realização: dizem que Jesus

---

26. Piobb, *Formulário de alta magia*, p. 165-174.

OS NÚMEROS E SUAS PERSONALIDADES

passou quarenta dias no deserto antes de sua iluminação. Organização, disciplina, fortalecimento, conservadorismo, rigor, rescisão.

41/5 — Versatilidade, adaptabilidade, coragem, filhos, estrutura sólida, segurança em meio a contratempos, ousadia, potência, fertilidade, sonhos a realizar. O sucesso pode deteriorar a personalidade.

42/6 — Dizem os cabalistas que esse é o número de letras contidas no verdadeiro nome de Deus. Base forte sustentando fragilidades, como uma taça de cristal em um pedestal de ferro. Posse, ciúme e demais problemas de um número composto apenas por arquétipos yin — apesar de 4 ser um número mais razoável para a posição yang do triângulo do que 2.

43/7 — Raízes, solidez, mente poderosa, autoridade, inteligência, diplomacia, vacilação, hesitação, começo difícil, lentidão inicial, constância, parcimônia, pessoa confiável, discrição, saúde forte — apesar da vulnerabilidade a vícios.

44/8 — Poder terreno, base, resistência, persistência, paciência, credibilidade, exigência. Lutar para conseguir. Prudência, materialismo, ceticismo, preconceito, ilusão, gula.

45/9 — Misticismo, ansiedade, dinamismo, inquietação, comunicação a distância, energia psíquica, amigos influentes, prole, precipitação.

46/10/1 — Poder material, influência social, burocracia e leis, dominação, nepotismo, preocupação, esperteza, persuasão, espontaneidade.

47/11 — Há intuição, mas também tendência a racionalizar e, assim, destruí-la. Produtividade associada à consciência da própria contradição. Pode se deixar levar pelos influxos conservadores de 4 e 7, que impedem a fluência e a espontaneidade de 11.

48/12/3 — Lerdeza, ansiedade, preguiça, perda de oportunidades, baixa autoestima. Gentileza e receptividade associadas a timidez e hesitação. Pode reverter tendências destrutivas por meio da arte ou de um trabalho no ramo da comunicação.

INICIAÇÃO À NUMEROLOGIA

49/13/4 — Condições adversas transformadas em sucesso como resultado de obsessão. Estabilidade que irrita os instáveis. Sensibilidade mascarada por rudeza; ambição disfarçada de humildade.

50/5 — Libido, sexualidade, impetuosidade, lascívia, viagem, mudança, internacionalidade, inconstância. Ganha e perde com a mesma facilidade. Alterna períodos de reclusão e sociabilidade.

51/6 — Criatividade, arte, eloquência. Lutador, encrenqueiro. Discussão, luta, leis, sacrifício compensado, arrogância, mente brilhante e impaciente. Pretensão gerando incerteza.

52/7 — Autoritarismo, ansiedade, pressa. Medita com facilidade, suprindo a necessidade de resolver conflitos internos. Pode ser rude, mesquinho ou frio, mas mentes mais refinadas se revelarão cativantes e envolventes, ainda que egocêntricas.

53/8 — Tentam e muitas vezes conseguem ser "multitarefas", dedicando-se a várias atividades simultâneas. Aparentam desorganização, mas há método em sua suposta desordem. Racionalidade, objetividade, detalhes, desafio, coragem, expansão.

54/9 — Há bloqueios que devem ser superados entre o vivo interesse de 5 e o processo de expansão de 9. Esses bloqueios vêm na forma de um hiato, um portal representado por 4. Confusão é o resultado da perda de controle e da culpa. É necessário reconhecer os próprios impulsos antes de buscar uma solução.

55/10/1 — Energia, agitação viagem, comunicação, persuasão, sexualidade, pioneirismo, exuberância, esperteza, astúcia, ironia, cinismo, metafísica.

56/11 — Microcosmo e macrocosmo, intuição apurada, equilíbrio, originalidade, decisão justa, senso estético. Deve evitar atrasos e indecisão, potenciais sugadores de energia.

57/12/3 — Caridade, sacrifício, medo, impulsividade reprimida. Dicotomia entre intenção e ação. Aparente parcimônia, realidade passional. Sabedoria e inteligência. Empatia.

OS NÚMEROS E SUAS PERSONALIDADES

58/13/4 — Introspecção, egocentrismo, pausa, solidão, reajustamento acarretando transformação. Necessário transformar a intensa energia em realização. Hábitos obsessivos que podem fazer mal à saúde. Conclusão, entendimento, percepção.

59/14/5 — Altos e baixos, instinto, sexo, jogos, risco, aventura. Mente ágil. Irresponsabilidade, descompromisso, covardia.

60/6 — Equilíbrio social, harmonia, tranquilidade, estética, saúde, casamento, afetos, resultados, fertilidade, imaginação, lúdico, dócil, compaixão.

61/7 — O medo do flagrante, o temor da revelação. Repressão, emoções escondidas, isolamento, medos ligados a religião ou feitiçaria. Inteligência derrotando a insegurança. Cuidado com pessoas disfarçadas. Ain, a existência negativa da Deidade[27].

62/8 — Impasse, estagnação, restrição, atraso, passividade. Idade inversamente proporcional à maturidade. Castelos de areia, ilusões.

63/9 — Equilíbrio, reforma, missão, criação, arte, independência, regeneração. Idealismo desmedido.

64/10/1 — Caráter firme, consequência, materialização, trabalho árduo, organização, método, hierarquia, determinação, magnetismo. Egoísmo gerando um tiro pela culatra.

65/11 — Base sólida que permite correr riscos com garantia de proteção. Número de Adonai, o Sagrado Anjo Guardião. Carisma, silêncio, elevação, crescimento, edificação.

66/12/3 — Segurança, estabilidade, comunicação, expressão, família, responsabilidade. Moralista, mas doce, afável e popular.

67/13/4 — Alternação de períodos em que muitas coisas ocorrem de repente e ao mesmo tempo e outros em que nada acontece. Trabalho, rigidez, medo, dificuldade em lidar com finanças. Pretensão.

---

27. Westcott, *Os números*, p. 92.

INICIAÇÃO À NUMEROLOGIA

68/14/5 — Materialismo. Mania de segurança. Excesso de cautela inibindo o crescimento e a renovação.

69/15/6 — Emotividade, impulsividade, lascívia, parcialidade, antecipação. Cada dia é como o último. Luxúria, ostentação, conforto.

70/7 — Seriedade, rigor introspecção, análise crítica. Abuso de poder como consequência da ausência de autocrítica. Segredos devem permanecer secretos.

71/8 — Honra, nobreza, construção, oportunidades. Caráter taciturno, reticente, sério, interessado. Estabilidade por meio de (e em meio a) altos e baixos.

72/9 — Teoria divergindo da prática, falta de objetividade, contradição entre discurso e atitude. Confusão, sensitividade, transmutação, clemência.

73/10/1 — Sabedoria, centralização, paternidade, controle, egocentrismo, generosidade, consciência, lucidez, professor, prudência. Mente filosófica a serviço da ambição.

74/11 — Tendência a negar as próprias intuições. Forte percepção que deve ser bem aproveitada para não gerar efeitos indesejados graças a seu potencial de criação mental.

75/12/3 — Reivindica liberdade de expressão, mas tende a cair em autocensura. Precisa trabalhar bastante para chegar ao imodesto resultado almejado. Talento criativo, comunicabilidade.

76/13/4 — Pessoa fácil de manipular. Humildade excessiva encobrindo covardia ou insegurança. Grande capacidade de organização e regeneração. Sabedoria obstruída por hesitação.

77/14/5 — Conhecimento psicológico ou carisma mágico especialmente passíveis de corrupção. Pode alçar altos voos se privilegiar a prudência em detrimento do impulso.

78/15/6 — Causa e efeito, riscos calculados, inteligência, comunicação, firmeza, extroversão e senso de oportunidade — ou oportunismo.

OS NÚMEROS E SUAS PERSONALIDADES

79/16/7 — Ansiedade e precipitação que podem destruir o que foi construído de bom. Pode ser insistente e forçar situações. Humildade que não deve ser confundida com humilhação.

80/8 — Nobreza de caráter, progresso, riqueza, conquistas, expansão, justiça, ajustamento, integridade, imparcialidade. Rigor exagerado.

81/9 — Crescimento, evolução, disputa de egos. Conflitos podem ser produtivos e trazer bons resultados. Ansiedade sob controle.

82/10/1 — Objetivo definido, ascensão passo a passo, consciência das próprias qualidades e defeitos, sucesso, determinação, liderança sutil.

83/11 — Conexão, frescor, capacidade de influenciar as pessoas. Ideias ousadas adaptadas ao pensamento prosaico, infiltração sub-reptícia em ambiente hostil. Compreensão de abstrações.

84/12/3 — Medo, apreensão, preocupação. Pode confundir racionalismo com pessimismo. Complexo de vítima. Carência de atenção.

85/13/4 — Flexibilidade, adaptabilidade, mutabilidade, preguiça, pessimismo, exotismo, extravagância, mudanças repentinas, trabalho, esforço, autoritarismo velado, imaginação.

86/14/5 — Hipocrisia, mentiras, impulsividade. Atividades inócuas. Esconde um vulcão por dentro, e ele pode entrar em erupção a qualquer momento.

87/15/6 — Intelecto, aptidão para o desenvolvimento, dinamismo, velocidade, luxúria, conforto, riqueza, ostentação, herança.

88/16/7 — Pragmatismo, dogmatismo, fanatismo. Repressor, tenso, rígido, pessimista. Potencial material.

89/17/8 — Riqueza, materialismo, generosidade, esperança, lógica, pensamento rápido, agilidade, prêmio, benefício, intolerância, impaciência.

90/9 — Profunda compreensão das ambiguidades que permeiam as pessoas e as coisas. Regeneração.

INICIAÇÃO À NUMEROLOGIA

91/10/1 — Alternância entre benevolência e autoritarismo, dualidade e flexibilidade. Personalidade dominadora atormentada pela culpa, que gera picos de depressão e entusiasmo. Precisa aprender a extrair o melhor das polaridades.

92/11 — Plenitude, conquista, força espiritual, intuição. Personalidade à frente de seu tempo. Estranheza incrementada por doçura, gentileza e diplomacia. Boa relação com conservadores, ainda que 11 traga sempre algum nível de rebeldia.

93/12/3 — Privações e sacrifícios são recompensados. Desenvolvimento, ajuda vinda de amigos, maturidade, felicidade em momentos difíceis. Desafios enfrentados com serenidade e bom humor.

94/13/4 — Impulso evolutivo bloqueado por reticências. Aborto. Regeneração. Pessimismo e insegurança escondendo arrogância.

95/14/5 — Instintos assustadores, mas inofensivos, que podem fazer a pessoa temer a própria sombra. Pode ir longe para não se paralisar de medo.

96/15/6 — Paixão, romance. Casamento ou união ligados a trabalho ou dinheiro. Descontrole emocional.

97/16/7 — Tudo ou nada. Futuro devastador ou grande sucesso, grande inteligência ou incapacidade.

98/17/8 — Sucesso profissional e material, tranquilidade, esperança.

99/18/9 — Geração em grande escala. Evolução, confusão e ansiedade tirando tudo de proporção.

100/1 — Mudança formidável, crescimento, caráter forte. Temperamento aparentemente dócil que esconde personalidade dominadora. Fidalguia.

CAPÍTULO II

OS FUNDAMENTOS DA NUMEROLOGIA

A ORIGEM DOS NÚMEROS

Os números foram concebidos pelo ser humano quando deixamos o nomadismo. Se antes o ser humano caçava, pescava e colhia diretamente da natureza seu alimento, com o desenvolvimento de suas capacidades foi se fixando e iniciando o processo de agricultura e de criação de animais. Foi aí que a necessidade de organizar e contar surgiu de maneira imperativa. Era preciso compreender as fases da lua, as estações do ano — e nasceu aí a ideia dos ciclos — e ainda a quantidade de animais em seu rebanho. Para exercer esse controle, os cálculos (*calculus*, em latim) de cada animal do rebanho eram feitos com pedras, um risco ou talhe em instrumentos rudimentares de madeira, pedra, paredes de cavernas, árvores etc. Outra maneira provavelmente muito usada seria contar usando os cinco dedos de uma das mãos.

A capacidade de contar é adquirida por estímulo, raciocínio e educação. A capacidade natural humana (e de alguns animais não humanos) de reconhecimento de quantidades se limita a quatro — o que já é uma das explicações para a disposição objetiva, pragmática e limitada do número 4 como arquétipo.

Depois de 4, a mente humana precisava recorrer a pedrinhas ou talhes, de modo que logo surgiu a necessidade de representar aqueles conceitos — os números, as quantidades — por meio de símbolos que imediatamente levassem ao reconhecimento desses conceitos.

No início, os números eram representados por traços. No Egito havia um sistema baseado em dezenas cujos primeiros números (os primeiros *nove* números, lançando a ideia de serem esses os formadores de uma primeira série de números, os números de origem) eram ilustrados por pequenos traços, enquanto os seguintes traziam símbolos desenhados representando situações ou ideias peculiares à sociedade de então. Um osso de calcanhar invertido representava o número 10, um laço valia 100 unidades, uma flor de lótus valia 1.000, um dedo dobrado valia 10.000, um girino representava 100.000 e uma figura ajoelhada valia 1.000.000, como podemos ver na ilustração a seguir.

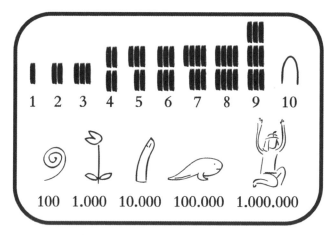

Figura 17. Sistema numérico egípcio.

Como resultado do desenvolvimento dos símbolos dos números em diferentes culturas, surgiram as letras e a escrita. As letras são derivadas dos números — e cada letra é na verdade também um número, o que ficará mais claro logo adiante.

No norte da Índia, por volta do século V da era cristã, foi criado o sistema que, adaptado posteriormente pelos árabes, viria a originar o sistema numérico ocidental.

O número 0 foi o último a ser inventado. Ele ajudou a inserir números mais abstratos no contexto, refletindo o desenvolvimento do pensamento humano.

OS FUNDAMENTOS DA NUMEROLOGIA

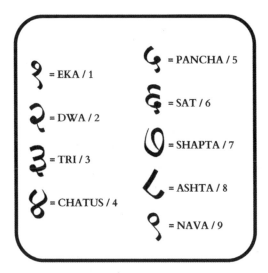

Figura 18. Origem do sistema numérico ocidental.

A PRÁTICA DA NUMEROLOGIA

Dizem que Pitágoras foi o criador da numerologia, mas nada pode ser mais falso e artificial que uma numerologia chamada "pitagórica". Esse filósofo grego, Pitágoras de Samos, nascido em 580. a.C., era, além de matemático, místico. De suas percepções sobre os números derivam vários insights aproveitados e transformados em técnicas numerológicas (adição e redução teosóficas, por exemplo). Entretanto, Pitágoras não deixou obras escritas: seu conhecimento foi transmitido aos discípulos de forma oral; tudo o que sabemos desse filósofo grego foi filtrado por alunos, discípulos e mesmo detratores. De qualquer forma, não há a menor indicação de que um sistema numerológico tenha sido endossado ou recomendado por Pitágoras. Assim, o que se chama de "numerologia pitagórica" pode ser no máximo tido como um sistema livre e espontaneamente inspirado em princípios místicos do filósofo e matemático grego.

A numerologia apresentada neste livro é chamada por alguns de pitagórica, mas sua estrutura é tão largamente usada e aceita que podemos denominá-la simplesmente de numerologia. Há outras formas de numerologia: a celta, a caldeia, a indiana, a africana. Não vamos abordar

INICIAÇÃO À NUMEROLOGIA

essas técnicas no presente trabalho, mas posso dar meu depoimento de ter usado essas e outras técnicas numerológicas sem conseguir resultados verdadeiramente eficazes. O método de cálculos a ser apresentado nas próximas páginas tem sido testado e utilizado por mim, por meus leitores e alunos por muitos anos, sempre de maneira satisfatória.

A real origem do sistema que apresentamos é a cabala, mais precisamente um ramo dela, a gematria. Partindo-se do princípio de que a cabala é uma leitura do alfabeto — composto de letras que também são números —, a gematria especializa-se em fazer a conexão entre letras e números, e entre palavras e números compostos. Quando se transformam as letras em seus correspondentes numéricos, fica possível somar os valores de cada palavra e assim analisar o simbolismo numérico em uma palavra ou nome, além de conectar palavras com o mesmo valor. Por exemplo, utilizando a cabala grega, Aleister Crowley conectou as palavras "Ágape" e "Thelema" ("Amor" e "Vontade", em grego) ao encontrar o número 93 como resultado de ambas as gematrias. Da mesma forma, vejamos a vibração inerente aos números correspondentes a algumas palavras na língua portuguesa. Para tanto, é preciso apresentar a tabela de conversão de letras e números com a qual trabalharemos daqui por diante.

Tabela 1. Correspondência entre letras e números

1	2	3	4	5	6	7	8	9
A	B	C	D	E	F	G	H	I
J	K	L	M	N	O	P	Q	R
S	T	U	V	W	X	Y	Z	

Após algum tempo de uso, esses valores serão memorizados. Cada letra vibra na mesma frequência de seu número correspondente; portanto, as letras A, J e S, por exemplo, têm valor 1, mas A reflete o arquétipo 1 puro, enquanto J conecta-se a 10 e S traz a vibração intensa de 19. Isso vale para as demais correspondências letra-número.

90

CAPÍTULO III

O MAPA NUMEROLÓGICO NATAL

— PARTE I —
APRENDENDO A USAR O MAPA

Vamos agora aprender, passo a passo, a calcular e interpretar um mapa numerológico. Este sistema a ser apresentado é lógico, mas bastante sutil, tornando necessário um conhecimento profundo dos arquétipos dos números e suas combinações.

NOME E DATA DE NASCIMENTO

Na numerologia, o nome representa a personalidade: significa "quem". A data de nascimento mostra "como". Guarde isto:

Nome = quem
Data de nascimento = como

O nome mostra quem é a pessoa, e a data de nascimento, como ela vive — a data é a estrada sobre a qual caminha o nome. A data é o próprio destino, e o nome representa os elementos com que a pessoa conta para poder exercer seu livre-arbítrio. A personalidade inclui sentimentos, comportamento, características, a maneira pela qual a pessoa reage diante de várias situações, suas escolhas e vontades. O destino inclui situações-chave com as quais a pessoa terá de lidar cedo ou tarde, e, mesmo que as evite, o tempo e a energia empregados em evitá-las acabam sendo uma forma de afirmar essas situações. O método que apresento é resultado de minha pesquisa pessoal, baseada

INICIAÇÃO À NUMEROLOGIA

em outros autores, ainda que minha abordagem inclua várias particu-laridades. Escolhi usar o nome, a data de nascimento e a biografia de **John Lennon** como exemplo — não só devido à grande personalidade do músico inglês, mas por sua vida ter sido muito bem documentada, facilitando a confirmação de aspectos de seu mapa.

Observe que devemos sempre usar o nome completo real para os cálculos. Não devemos trabalhar com nomes alterados, de casamento ou artísticos. Por isso, consideraremos o nome John Winston Lennon, em vez de John Ono Lennon — o qual John adotou após casar-se com a cantora e artista Yoko Ono — ou John Lennon, seu nome artístico.

A interpretação não pode ser pessoal, já que estamos trabalhando no mapa de uma pessoa pública. Serão feitas referências a passagens da biografia de Lennon, tentando evitar suposições e julgamentos para que possamos extrair o melhor exemplo possível da atuação prática dos arquétipos no mapa numerológico.

Exemplo: John Lennon

Interior

Representa o modo como a pessoa se comporta no íntimo. É a parte da personalidade que se revela dentro de casa ou com um longo convívio íntimo.

Cálculo: Some as vogais do nome completo (de acordo com a Tabela 1, na página 64). Note que devemos considerar como vogais as letras que soem como vogais. Portanto, W é considerada vogal no caso de "Winston", pois soa como U. Além disso, a letra J é consoante em "John", mas vogal no caso de "Johann", porque em "John" soa como J, enquanto em "Johann" soa como I.

6				5	9				6		5			6		= 37/10/1
J	O	H	N	W	I	N	S	T	O	N	L	E	N	N	O	N

$$(6+5+9+6+5+6 = 37 \quad / \quad 37 = 3+7 = 10 \quad 1+0 = 1)$$

Comentário: De acordo com o que sabemos sobre o número 1, concluímos que em termos de afeição John era uma pessoa centralizada, talvez até um tanto autoritário. A maioria de suas biografias diz que ele era o típico machista até se casar com Yoko Ono — acontecimento divisor de águas em sua vida. Contudo, apesar da influência de Yoko, ele manteve esses traços, segundo declarações do próprio em entrevistas. Observe o número 37, bastante positivo e energético, e considere como ele poderia refletir o comportamento de uma pessoa dentro de casa e com os próximos.

Desafio do Interior

Desafios são áreas da vida a serem conquistadas, questões a desenvolver na personalidade. Há no mapa diferentes desafios representando os diversos caminhos que se trilham para crescer.

Cálculo: Subtraia a primeira da última vogal do nome completo.

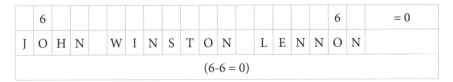

Comentário: O desafio 0 indica a inexistência de um desafio específico.

Exterior

Essa posição mostra a pessoa pública, sua aparência, seu jeito à primeira vista, a primeira impressão que causa, a maneira como se comporta fora de casa, no trabalho, na escola, em sociedade. Muitas vezes, a dicotomia entre Interior e Exterior é tão grande que não se reconhece a mesma pessoa em ambas as posições. Por outro lado, há casos de pessoas que são, de certa forma, "transparentes" — isso ocorre quando têm números similares, ou o mesmo número, no Interior e no Exterior.

Cálculo: Some as consoantes do nome completo.

INICIAÇÃO À NUMEROLOGIA

1	8	5		5	1	2	5		3	5	5		5	5 = 45/9
J	O	H	N	W	I	N	S	T	O	N	L	E	N	N	O	N	
(1+8+5+5+1+2+5+3+5+5+5 = 45 = 4+5 = 9)

Comentário: A persona pública de John Lennon era de fato radiante, expansiva e aberta, bem ao modo do arquétipo 9. O número 1 no Interior sugere que, por mais democrática e pacifista que seja sua imagem midiática, social e histórica (ou seja, sua "imagem" de personalidade 9), havia traços de despotismo em seu comportamento na vida pessoal — o que não indica necessariamente hipocrisia, pois os seres humanos têm várias facetas e muitas camadas de personalidade, e é normal os números de Interior e Exterior apontarem aspectos aparentemente contraditórios da personalidade. O carisma de Lennon muito provavelmente se sustentava, em parte, na forma como ele ousava reconhecer suas próprias fraquezas em público, reconhecimento esse que, de modo contraditório, o fortalecia. O número 37 é uma origem forte para 1, sem ser agressiva como a origem 19 — que pode ser perfeitamente benéfica em determinadas posições do mapa, mas seria de complicado encaixe em posições mais íntimas como o Exterior e a Essência. Em suma, Lennon provavelmente era um tanto "mandão", mas não tiraria primeiro lugar em nenhum concurso de autoritarismo.

Desafio do Exterior

Esta posição expõe o desafio decisivo da vida social e profissional.

Cálculo: Subtraia a primeira da última consoante do nome.

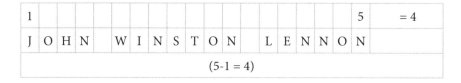

Comentário: Quatro é o número da burocracia, do trabalho regular, da ordem e do método, coisas distantes do perfil de John Lennon. Reage mal a conservadorismo e cerimônias. Todos se lembram das vezes em que John arranhou a imagem pública de "bons moços" que o empresário dos Beatles construiu cuidadosamente, como na célebre e infame entrevista em que ele declarou que a banda era mais popular do que Jesus Cristo.

Síntese

É o resultado da mistura das personalidades interna e externa; o eu; a visão da personalidade como um todo.

Cálculo: Some todas as letras do nome completo.

J	O	H	N		W	I	N	S	T	O	N		L	E	N	N	O	N	
1	6	8	5		5	9	5	1	2	6	5		3	5	5	5	6	5	= 82/10/1
(1+6+8+5+5+9+5+1+2+6+5+3+5+5+5+6+5 = 82)																			

Comentário: O número 1 reforça o gênio e explica o mito. Sempre que 9 for somado a outro número, o número em questão será repetido. Assim, Interior 1, Exterior 9 e Síntese 1 é uma fórmula implícita. O número 82, como origem de 1, é bastante suave e maduro, uma "alma antiga". Esse número confirma todas as impressões que nós, como público, sempre tivemos sobre ele, de que havia uma grande força por detrás do homem, implícita em seu trabalho e atitude.

Desafio da Síntese

É a maior dificuldade a ser enfrentada pela personalidade.

Cálculo: Some os números dos desafios anteriores.

Comentário: John Lennon tinha Desafio da Síntese 4, já que seu Desafio do Interior era 0 e o Desafio do Exterior era 4 (4 – 0 = 4). Isso acabava reforçando o problema que ele tinha com tudo o que o número 4 simboliza em termos de permanência, caretice, método e conservadorismo.

Caminho do Destino

Representa a vida da pessoa, seu rumo, o céu sob o qual se caminha. É a estrada da existência, a rota do destino. O destino é o que se encontra, garantida a liberdade de escolha: pode-se reagir ao destino encontrado de n maneiras. No final, 50% do que nos ocorre é destino pré-traçado (de que trata o Caminho do Destino) e outros 50% dependem do livre-arbítrio (cujas tendências — as quais, como tendências, podem ser transformadas — aparecem na posição de mesmo nome no mapa, que será analisada a seguir). O Caminho do Destino é a posição no mapa que mostra o tipo de vida que a pessoa tem, teve e/ou terá.

Cálculo: Some o dia, o mês e o ano de nascimento.

$$10 + 9 + 1940 = 1959/24/6$$
$$(1 + 9 + 5 + 9 = 24 = 2 + 4 = 6)$$

Comentário: Família, estética e popularidade são palavras-chave para 6. No caso de John, 6 vem de 24, que é a base mais complicada para esse número elementar, e os fatos de sua vida não seriam o que se pode chamar de fáceis. No que diz respeito à família, sabe-se que seu pai o deixou com a mãe; então a mãe deixou o pequeno John com a irmã Mimi e o marido, e John foi criado pelos tios. Ele era especialmente ligado ao tio, que veio a falecer quando John estava entrando na puberdade. A mãe do então adolescente John estava se reaproximando do filho quando morreu atropelada por um policial bêbado. A primeira grande fase da vida de Lennon foi marcada por tragédias familiares, o que é típico do arquétipo 24. Mas essa experiência também fez dele um humanista, um feminista e o homem apaixonado, revoltado e inflamado que era. Além disso, devemos ter em mente que nenhum número é uma sentença de morte, logo seu simbolismo pode e deve ser transmutado para sua forma mais elevada. Podemos dizer que John finalmente resolveu seu problema afetivo ao se casar com Yoko, porque só então ele formou — após abortos e separações — a família que sempre quis. O número 6 traz popularidade, e o pior aspecto disso

O MAPA NUMEROLÓGICO NATAL

é que pessoas perturbadas, como o assassino de John, podem projetar todas as suas falhas pessoais sobre uma celebridade.

Livre-arbítrio

Mostra como a pessoa exerce suas escolhas do dia a dia e o mecanismo dessas escolhas. Esta posição funciona como um complemento da Síntese e do Caminho do Destino.

Cálculo: Some todas as letras do primeiro nome.

1	6	8	5	= 20/2
J	O	H	N	

Comentário: À medida que desenvolvemos o mapa, entendemos melhor os resultados anteriores. John era, de fato, uma personalidade forte, mas suas escolhas eram representadas pelo número 2, ou seja, havia uma clara necessidade de compartilhar, dividir. Isso acrescenta doçura e delicadeza à sua personalidade, o que também o fez particularmente vulnerável a problemas de família. Sem contar que ele dividiu toda a sua carreira artística em duas parcerias: primeiro com Paul McCartney, com quem compôs e tocou nos Beatles até o final dos anos 1960; e depois com Yoko Ono, com quem tocou e compôs música, dirigiu filmes e produziu exposições de arte, entre outros projetos, até sua morte. Sempre foi John + 1, e não no sentido de ter uma sombra, pois tanto Ono quanto McCartney são artistas influentes e respeitados. Tudo indica que a necessidade de John era compartilhar jogos criativos com um parceiro, e não ter um pupilo para sobrepujar.

Essência

Mostra o que a pessoa traz por dentro, mas não no sentido já visto no Interior: a Essência representa o eu que não revelamos a ninguém, aquele "eu interno" com quem dialogamos todo o tempo, sem censura. A Essência é um complemento ao Interior, traduzindo como a pessoa

INICIAÇÃO À NUMEROLOGIA

pensa e sente por detrás daquilo que expõe aos seus entes próximos: é aquilo que está por "detrás" do Interior. Revela aquilo que mais desejamos e ao mesmo tempo mais tememos. Observe que os conceitos de desejo e medo são inteiramente conectados — o que não tem nada a ver com sadomasoquismo, e sim com o fato de o medo extremo gerar o desejo de que aquilo que se teme ocorra *logo* para que o medo finalmente se concretize e assim passe, acabe, suma, vá embora. E tem a ver também com desejar algo a ponto de gerar o temor de que o desejo jamais se torne realidade.

Cálculo: Some as iniciais, começando do segundo nome.

1				5						3						= 8
J	O	H	N	W	I	N	S	T	O	N	L	E	N	N	O	N

Comentário: O número 8 sugere que John era uma pessoa bastante materialista em vários aspectos. Assim, não é surpresa que ele tenha se tornado um milionário, ainda que sua fortuna tenha frutificado graças a seu talento. Além disso, os Beatles se esforçaram muito antes de alcançar a fama, as coisas não aconteceram da noite para o dia. Esse número 8 indica uma preocupação com a justiça e o medo da justiça e do governo. Talvez esse medo o tenha feito provocar muita gente até ser preso no final dos anos 1960. Consultando uma boa biografia de Lennon (ver bibliografia) é possível confirmar que ele entrou em confronto com a polícia, a justiça e demais autoridades vigentes por mais de uma vez.

Equilíbrio

Esta posição mostra como uma pessoa chega, ou acha que chega, ao próprio equilíbrio. Isso significa que o número a ser encontrado aqui reflete o combustível necessário para a pessoa se manter em razoável equilíbrio no dia a dia. Um número "bom", ou seja, menos complicado, traz um equilíbrio mais fácil e natural, ao passo que um número "ruim", ou menos fluente, traz percalços na busca do próprio balanceamento.

Cálculo: Some todas as iniciais de cada nome.

1				5						3						= 9
J	O	H	N	W	I	N	S	T	O	N	L	E	N	N	O	N

Comentário: John conseguia se equilibrar graças a suas constantes guinadas, sempre olhando para a frente e procurando novos territórios para conquistar. Ação antes que pensamento. Ele desejava ser ativo e criativo, quebrar regras externas como forma de quebrar regras internas, ultrapassar limites como forma de cruzar fronteiras pessoais. Tinha a coragem de se expor e admitir os próprios erros publicamente, deliberadamente tentando desconstruir a imagem de ídolo atribuída a ele. Quando nasceu seu filho Sean, John abandonou a carreira e se isolou para se dedicar de modo exclusivo à paternidade. Atitudes aparentemente "radicais" como essas mostram bem o gosto pelas polaridades típico de 9, número cujo arquétipo pode ser frio ou quente, nunca morno. O bom humor de 9 também era aparente em sua mordacidade e em declarações bizarramente proféticas, como quando ele disse que não queria ser levado a sério nem ser objeto de nenhum tipo de adoração, pois "um rei é sempre morto por seus súditos".

Dinamismo

Representa como a pessoa reage a pressões externas e circunstâncias peculiares. Como você reage a uma situação inesperada? O número do Dinamismo mostra a qualidade da reação do indivíduo quando acontece esse tipo de surpresa.

Cálculo: Some o número do Livre-Arbítrio ao do dia do nascimento. No caso de John Lennon, fica assim:

Livre-Arbítrio 20/2

Dia do nascimento 9

$(20 + 9 = 29 = 2 + 9 = 11)$

Comentário: A expressão da agilidade de John no mundo era 11 — que, aliás, é o número da Síntese de Yoko Ono. Algumas pessoas acham que ele ficou meio "biruta" — uma coisa da qual muitas personalidades 11 poderiam ser acusadas — após o casamento. Entretanto, como frequentemente ocorre com personalidades 11, essa "birutice" provou-se sábia sob vários aspectos. O número 11 nunca é aceito de primeira, sempre leva algum tempo para as pessoas entenderem que sua esquisitice nada mais é que uma visão à frente de seu tempo. De toda forma, antes de ser o "Beatle biruta", ele era o "Beatle malicioso", que se comportava de maneira irônica até mesmo em situações como quando os Beatles foram condecorados pela rainha da Inglaterra. Algumas de suas fantásticas letras de canções, como "I am the Walrus" e "Lucy in the sky with diamonds", têm alto teor psicodélico, o que também é típico do simbolismo transcendental do número 11.

Darma

Representa a missão, o trabalho a realizar, a razão pela qual se está aqui. Esta é uma posição muito importante no mapa e deve ser analisada com cuidado. É possível entender o que a pessoa está fazendo aqui pela soma de *quem* é a pessoa e *onde* ela vive.

Cálculo: Some o número da Síntese e o número do Caminho do Destino. Observe que devemos usar o nome completo original, e não a redução final, para chegar aos resultados corretos.

O DARMA DE JOHN LENNON
Síntese 82
Destino 1959
Darma 2041/7

Comentário: Sua missão dizia respeito ao intelecto, ao entendimento dos mistérios, da espiritualidade, introspecção, metafísica e reclusão. Lennon abandonou o show business por cinco anos após o nascimento de seu segundo filho.

O MAPA NUMEROLÓGICO NATAL

Carma

Esta posição mostra o débito ou o crédito que acumulamos em termos espirituais e de aprendizado. Consideremos o Carma como causa e efeito, assim é possível entender esta posição como algo a ser aproveitado ou reequilibrado. O Carma é a herança conceitual do indivíduo. Representa o resultado de nossas ações, que se apresentam como crédito ou débito vindo de outras vidas — o que pode significar reencarnação no sentido tradicional ou a tendência do código genético. O DNA mostra aquilo que trazemos em termos de potencial positivo e negativo, nossa "herança genética". Se considerarmos que o DNA é o resultado das gerações anteriores, podemos entender o carma como um DNA metafísico, ou seja, as armas que temos para lutar na vida e nossos pontos frágeis, tanto do ponto de vista da personalidade (aquilo que trazemos) quanto do destino (aquilo que encontramos).

Cálculo: Some o Interior, o dia do nascimento, a Síntese e o Caminho do Destino, sempre lembrando que ao somar diferentes posições do mapa é aconselhável usar os números completos e originais, do contrário os resultados serão incorretos. À medida que o estudante for se habituando à prática da interpretação do mapa numerológico, será capaz de entender não só o significado de 8 e de 17, mas também o de 2087.

O CARMA DE LENNON
Interior 37
Síntese 82
Dia do nascimento 9
Caminho do Destino 2087/17/8
Carma 2087/17/8

Comentário: O número 8 apareceu antes na Essência, confirmando que o que John sentia no que tange a dinheiro, justiça e lei vinha de suas vísceras, de seu passado, de sua alma. Isso não envolve apenas aspectos belos; devemos nos lembrar dos muitos problemas com a lei. Ele foi perseguido por várias razões — quando não por fumar maconha,

INICIAÇÃO À NUMEROLOGIA

por ser um subversivo político. Obscenidade foi outra acusação que enfrentou, seja por causa de uma de suas capas de disco (*Two Virgins*, um dos discos que gravou com Yoko) ou de suas litografias (*Bag One*, em que desenhou a si mesmo e Yoko na cama). Repare também que 17 é um número benéfico, o número de Nuit.

Fundamento

Representa a pedra fundamental sobre a qual a pessoa constrói a vida; a base de suas ações, a maneira como inicia projetos, toma atitudes e decisões; o movimento inicial.

1 (10)

J O H N

Comentário: O número de J é 10, o mais paternal entre os números 1, confirmando a importância não só da paternidade física, como também da liderança — ou paternidade — de uma era.

Solução

É a meta final, a última cartada, a manutenção do que foi começado no Fundamento, a força de vontade.

Cálculo: Use o número da última letra do primeiro nome. Repare que, ao analisar a letra, é aconselhável usar seu "verdadeiro" número, ou seja, o número de sua posição no alfabeto. Por exemplo: o valor de A é 1, o de J é 10 e o de S é 19. John tinha, portanto, o número 14/5 como Solução, referente à letra N.

5 (14)

J O H N

Comentário: O número 14 mostra o ímpeto de mudar o tempo todo, bem como o gosto por sexo e drogas. Deve ter sido duro para John manter-se fiel no casamento — talvez por isso ele não tenha sido realmente fiel, como Yoko atestou em entrevistas. Deve ter sido também

O MAPA NUMEROLÓGICO NATAL

muito difícil para ele resistir às drogas em geral — apesar de ter parado com drogas pesadas e bebida, até a época em que foi morto ele fumou com regularidade.

Sensibilidade

Esta posição revela como a sensibilidade da pessoa se expressa; a ponte faz a conexão com a qualidade das emoções da personalidade. É a forma como a pessoa sente as coisas.

Cálculo: Use o número da primeira vogal do primeiro nome.

6 (15)
J O H N

Comentário: Natureza impulsiva e apaixonada. Forte senso familiar, valoriza os laços sanguíneos e afetivos.

Gráfico do Nome

Serve para avaliar a relação consigo mesmo e os demais, o nível de criatividade, impulsividade e firmeza.

Cálculo: Conte as ocorrências de cada número elementar e disponha no gráfico:

1:	2:	3:	Eu: _____
4:	5:	6:	Nós: _____
7:	8:	9:	Outros: _____

Vontade: _____ Impulso: _____ Criatividade: _____

Figura 19. Gráfico do Nome.

INICIAÇÃO À NUMEROLOGIA

1	6	8	5		5	9	5	1	2	6	5		3	5	5	5	6	5
J	O	H	N		W	I	N	S	T	O	N		L	E	N	N	O	N

1: 2   2: 1   3: 1   Eu: _6__

4: 0   5: 8   6: 3   Nós: _11__

7: 0   8: 1   9: 1   Outros: _2__

Vontade: _2__ Impulso: _10__ Criatividade: __5__

Figura 20. Gráfico do Nome de John Lennon.

John tinha oito números 5 no nome, enfatizando sua rebeldia, seu lado libertário, bem como sua libido exaltada e sua ironia. Não há números 4 ou 7, ambos glifos de concentração e lentidão, refletindo uma pessoa impaciente. O número 6 aparece equilibrado, enquanto os números 1, 2, 3, 8 e 9 mal aparecem no gráfico. A primeira linha, composta pelos números 1, 2 e 3 e chamada **Eu**, reflete o relacionamento da pessoa consigo mesma e a força (ou falta de força) de seu ego — no caso de John, apresenta quatro algarismos (dois números 1, um número 2 e um número 3), mostrando seu bom nível de autoestima. Ainda assim, sua natureza emocional confundia-se com a imagem que tinha de si mesmo, o que o tornava vulnerável à opinião das pessoas.

A segunda linha, marcada como **Nós** (compreendendo os números 4, 5 e 6), reflete os relacionamentos. Lennon tinha 11 como número de algarismos na linha Nós, sugerindo a razão de ele abandonar os Beatles ao se envolver mais profundamente com Yoko: para John, ter um *partner* era fundamental, e ele costumava dizer que Yoko era como um amigo com quem ele transava, por isso ele se sentia completo. Ele não se importava com questões públicas dos Beatles, como se percebe pela pouca quantidade de números na linha **Outros**. Sua forma de alcançar satisfação espiritual e emocional — seu caminho para a transcendência — era dividir tudo com uma pessoa só, não com todos, por mais que ele fosse conhecido por sua preocupação com questões comunitárias e mundiais — a parte 9 de sua personalidade. No quesito Criatividade não há tantos números — talvez por isso ele precisasse de um parceiro para trabalhar melhor. Impulsivo (dez números na coluna Impulso), sua força de Vontade (dois algarismos) dependia muito do estímulo do parceiro. Lennon não teria sido quem foi sem parceria, sem McCartney e os demais Beatles, e sem Yoko Ono.

Subconsciente

Esta posição mostra as reações irracionais da pessoa.

Cálculo: Subtraia de 9 a quantidade de números ausentes no Gráfico do Nome.

Quantidade de números ausentes do Gráfico de Lennon: 2
$(9 - 2 = 7)$

Comentário: O número 7, quando refletindo o subconsciente, sugere uma pessoa que tende ao isolamento (uma das canções de Lennon chama-se *"Isolation"*) e à autocrítica. Essa era sua defesa natural.

Hereditariedade

Aqui analisamos a herança, ou seja, o(s) nome(s) de família.

Cálculo: Some as letras dos sobrenomes, individualmente.

3	5	5	5	6	5	29/11
L	E	N	N	O	N	
$(3 + 5 + 5 + 5 + 6 + 5 = 29 = 2 + 9 = 11)$						

INICIAÇÃO À NUMEROLOGIA

Comentário: Mais um número 11 em seu mapa, confirmando o gênio e o visionário que era John Lennon, assim como seu lado excêntrico. Não sei muito sobre a biografia de seu pai, mas os ecos dessa figura em sua vida sugerem que seu sarcasmo e suas atitudes inusitadas foram herdadas dele.

O Segundo Nome

Esta é uma análise do nome do meio, ou segundo nome, quando existirem — não do sobrenome de família, já que esta é a função da posição Hereditariedade, que pode ter mais de um nome.

Cálculo: Some todas as letras do(s) nome(s).

5	9	5	1	2	6	5	= 33/6
W	I	N	S	T	O	N	
$(5 + 9 + 5 + 1 + 2 + 6 + 5 = 33 = 3 + 3 = 6)$							

Comentário: Esse nome enfatiza todos os traços sentimentais de Lennon, a necessidade de uma família para apoiá-lo emocionalmente e a necessidade de se expressar.

Orientação Profissional

Nesta posição podemos analisar as tendências profissionais da pessoa.

Cálculo: Basta analisar e comparar os números do Dia do Nascimento, Síntese, Caminho do Destino, Darma e Carma para ter uma ideia das profissões que podem ser indicadas a um indivíduo. Se uma profissão se repete nas correlações entre esses números, ela é mais indicada. A Tabela 2 a seguir traz as correlações entre números e profissões. Os números de Lennon para a Orientação Profissional são os seguintes:

Dia de Nascimento: 9

Síntese: 81/101

Caminho do Destino: 1959/24/6

Darma: 2041/7

Carma: 2087/17/8

Tabela 2. Números e atividades profissionais

1	Líder, chefe, piloto, comandante, político, inventor, publicitário, vendedor. Boa relação com colaboradores, contanto que sua liderança seja incontestável.
2	Músico, matemático, pintor, dançarino, estatístico, físico, contador, numerólogo, astrólogo, analista de sistemas, servidor público, cooperador. Trabalha melhor em parceria ou como subordinado.
3	Artista, comunicador, jornalista, palestrante, advogado, criador, sociólogo, desenhista. Lida bem com crianças e jovens.
4	Fazendeiro, agricultor, geólogo, militar, construtor, engenheiro, mecânico, escultor, político, demolidor, agente imobiliário. Lida bem com hierarquias e burocracia.
5	Manequim, comissário de bordo, estilista, guia turístico, importador/exportador, piloto, negociante, psiquiatra, desportista, sexólogo, química, atravessador. Lida bem com moda, vaidades, viagens e aventuras.
6	Médico, enfermeiro, artista, cozinheiro, assistente social, veterinário, botânico, decorador, voluntário. Trabalha bem com comunidades, crianças e idosos.
7	Pesquisador, filósofo, historiador, ocultista, arqueólogo, museólogo, escritor, psicólogo, homeopata, terapeuta alternativo, professor, bibliotecário, cientista, artista, parapsicólogo. Trabalha bem sozinho, usando o pensamento e a intuição.
8	Economista, advogado, juiz, gerente, banqueiro, bancário, arquiteto, administrador atravessador, vendedor, industrial, condutor, minerador, apresentador. Trabalha bem com grandes companhias, franquias e conglomerados.
9	Artista, ator, decorador, guia turístico, comissário de bordo, importador/exportador, diplomata, médico, político, desportista. Trabalha bem com imagens e lida bem com grandes multidões.
11	Artista (vanguarda), filósofo, analista de sistemas, web designer, ocultista, inventor, químico, físico, parapsicólogo. Quanto mais incomum o trabalho, melhor.

INICIAÇÃO À NUMEROLOGIA

22	Diplomata, humanista, gerente, agente, chefe, industrial, importador/exportador, educador, construtor, escritor, missionário. Trabalha bem com causas relacionadas à humanidade ou ao planeta, como ecologia e ajuda.

Comentário: Lennon tinha combinações de 9, 1, 6, 7 e 8. Seu talento artístico aparece em 9, 6 e 7. Aliás, 6 é mais musical, 9 é ligado a multidões e 7, ao intelecto. Lennon era o próprio "Beatle intelectual", por assim dizer. Ele escreveu dois livros, produziu litografias, desenhos e outras formas de artes plásticas, dirigiu filmes e participou de uns poucos filmes como ator. A liderança aparece nos números 1 e 8.

Sexualidade

Estudamos aqui a qualidade e a natureza da manifestação da sexualidade do indivíduo. Cada personalidade numérica sugere determinadas tendências sexuais.

Cálculo: Compare os números do Interior, Essência, Síntese, Darma e Caminho do Destino usando a Tabela 3, logo após os números de Lennon para sugestões quanto à correlação entre sexo e números.

Interior: 37/10/1

Essência: 8

Síntese: 82/10/1

Darma: 2041/7

Caminho do Destino: 1959/24/6

Comentário: John tinha os números 1, 8, 1, 7 e 6. Ele era basicamente ativo, dominante, criativo e ousado em termos de sexo. E sua sexualidade esteve bem evidente em sua carreira — vide o disco *Two Virgins*, famoso por trazer a foto de Lennon e Yoko totalmente nus, de frente e de costas; ou suas litografias eróticas já citadas; ou ainda o filme *Self-Portrait* (*Autorretrato*), que traz um longo *take* de seu pênis ereto.

O fator procriação de 6 sobressai na tenra idade em que Lennon foi pai pela primeira vez — ele se casou com Cynthia Powell, a primeira esposa, por ela estar grávida de Julian.

Tabela 3. Números e sexualidade

1	Sexualidade agressiva, dominação, intensidade, um amante egocêntrico que precisa ser admirado. Naturalmente, essas personalidades tendem a ser dominadoras, independentemente do objeto de desejo sexual. Precisam saber que comandam a relação para poder exercer seu melhor desempenho. Para os homens, é mais fácil socialmente representar o papel de 1, mas as mulheres ultimamente têm desenvolvido comportamentos antes tidos como exclusivamente masculinos, como assediar sexualmente os homens, ter maior independência financeira... Tudo isso se reflete na psique de um número 1, seja macho ou fêmea, e ajuda a liberar suas fantasias. Por outro lado, a libido tende a se deteriorar caso essa personalidade 1 não esteja em pleno exercício de seu brilho, que vem da liderança.
2	Delicadeza, afeição, passividade, mistério, timidez, ambiguidade; uma sexualidade romântica e às vezes oculta. Embora sua sexualidade não seja obrigatoriamente ligada ao amor profundo, a personalidade 2 se deixa envolver por detalhes, por sutilezas. É importante que o sexo tenha ritmo e um clima de sonho e que isso parta do parceiro, pois a personalidade 2 é essencialmente passiva, seja um homem heterossexual ou uma mulher homossexual, ou seja, não importa o gênero ou a sexualidade, a passividade de 2 é atávica, vem de elementos anteriores à formação de sua própria consciência adulta. Tal passividade, ou receptividade a estímulos, está ligada à psique individual.
3	Sexualidade teatral; gosta de jogos, de invenções; sexo é uma fonte de felicidade e fantasia; uma sexualidade tão infantil quanto a personalidade 3. A sexualidade de 3 é, sem dúvida, uma extensão de seu talento dramático e de sua necessidade de brilho e de palco. A personalidade 3 gosta de jogos sexuais, de criar climas e histórias, de encontrar o êxtase por meio da fantasia, o que torna sua sexualidade mais mental que propriamente física ou genital. Naturalmente, trata-se de uma libido imatura, o que pode ser um aditivo erótico, dependendo da combinação.

INICIAÇÃO À NUMEROLOGIA

4	Às vezes devastadoramente intensa, a sexualidade de 4 pode também ser de desejos bloqueados. Tradicionalista, instintos crus, repressão. A libido das personalidades 4 é frequentemente intensa, bruta, rústica — como a terra que lhes serve de símbolo. Sua natureza instintiva e cega, como uma força da natureza, normalmente surpreende os que veem a aparência taciturna típica de um 4. Essas pessoas precisam canalizar e realizar muito bem sua sexualidade, do contrário a tendência a neuroses e bloqueios sexuais pode desandar ao ponto do comportamento moralista hipócrita.
5	Sexualidade intensa, mais física que afetiva; fantasias são imprescindíveis, precisa experimentar; intrépido, delirante e inconsequente; busca o excesso. Este é um dos números mais "sexuais" e sensuais de todos. Na verdade, as personalidades 5 costumam tecer sua vida envolvidas em questões e atividades sexuais. Adoram o sexo, e, quanto mais "proibido" e exótico, melhor. Gostam de experimentar coisas diferentes e geralmente separam bem sexo e amor. Costumam trilhar o caminho do excesso antes de encontrar um equilíbrio.
6	Afetivo, sexo para reprodução, amor. A família é a manifestação do sexo; compromisso e pacto são a antecâmara do Jardim de Eros. Voltado à família e à preservação da espécie, mas certamente apreciador dos prazeres da vida. Personalidades 6 costumam ser amantes inesquecíveis. Muito carinhosos durante o ato sexual, esses indivíduos costumam relacionar e vincular sexo e amor.
7	Autoerotismo; masturbação; atração ligada ao intelecto, alguém que se excita com pessoas inteligentes. Pode ser frio e viver fantasias só na mente. A sexualidade de 7 é tão misteriosa quanto seu próprio comportamento social. Para pessoas representadas por este número, o sexo precisa ser algo sutil — embora o conceito de sutileza possa realmente variar de interpretação. Tendência ao autoerotismo, masturbação, atração relacionada ao intelecto, tanto no sentido de a pessoa ficar excitada com a inteligência do parceiro quanto no de ser alguém que conceitua o sexo, vivendo — de maneira discreta — as fantasias que esconde tão bem.

8	Um vulcão sexual: parece sutil, mas pode ser exuberante. Passional, exagerado, sexo ligado ao poder e à matéria, atração por gente influente. Para essas pessoas, status social acaba fazendo diferença, consciente ou inconscientemente. Apaixonadas, exageradas, o sexo liga-se ao poder e os jogos sexuais preferidos embarcam nessa onda. Algumas vezes esses indivíduos são falsos moralistas. Sempre são discretos.
9	Ansiedade, experimentação; sexo como válvula de escape para ansiedade. Dificuldades com monogamia, a não ser que o parceiro seja inventivo. É muito difícil para personalidades 9 manterem-se "fiéis" em relacionamentos amorosos, não por uma libido inflamada, como é o caso de 5, mas porque tais indivíduos vivem sempre cercados de pessoas, grupos, causas, projetos — é difícil estar a sós com uma personalidade 9. Isso pode acabar gerando brigas e ciúmes.
11	Ambiguidade, androginia, não convencional, exótico, magia sexual, tantra, sexo como o mais alto sacramento ou como baixeza. Busca pela transcendência. Uma pessoa "comum" dificilmente consegue se dar bem num relacionamento amoroso/sexual com uma personalidade 11.
22	Timidez que esconde intensidade; fora de controle. Sexualidade intensa que pode ser dramaticamente diferente da cultura vigente. Personalidades 22 são grandes praticantes de tantra e magia sexual em potencial. Falsa timidez. São amantes dramáticos, passionais, e precisamente por isso são apaixonantes e ao mesmo tempo assustadores. Tendem a ter uma postura um tanto moralista (ao contrário de 11), mas uma vivência mais livre do que possa sugerir aparentemente.

Desafio Básico

Como o próprio nome diz, este é o maior desafio da vida de uma pessoa.

Cálculo: Subtraia os números do dia do nascimento. Pessoas que nasceram nos dias 1, 2, 3, 4, 5, 6, 7, 8, 9, 11 ou 22 de qualquer mês terão 0 como Desafio Básico. (Não é possível subtrair números de um só dígito, e 1 – 1 = 0 e 2 – 2= 0.) Mas, para uma pessoa nascida, digamos, no dia 27, a subtração será 7 – 2 = 5.

INICIAÇÃO À NUMEROLOGIA

Dia de Nascimento de Lennon: 9

Desafio Básico: 0

Comentário: Não há grandes obstruções. Os maiores problemas de Lennon ocorreram mesmo no campo familiar e afetivo.

Dádiva Básica

O nome diz tudo: é uma dádiva, um crédito, o contrário do Desafio Básico. Representa a estrela da sorte, o amuleto em forma de número, o lado bom da vida. A Dádiva é a arma contra o Desafio, o antídoto.

Cálculo: Subtraia o Desafio Básico de 9.

Comentário: John não tinha um Desafio Básico definido, daí não ter nenhum crédito ou Dádiva Básica.

Primeiro Desafio

É o desafio da primeira metade da vida. É difícil determinar quando termina, por não sabermos quanto tempo viveremos.

Dia de Nascimento de Lennon: 9

Mês de Nascimento de Lennon: 10

(9 – 1 = 8)

Cálculo: Subtraia o dia do ano de nascimento.

Comentário: A maior dificuldade de John até seus 20 e poucos anos (metade de sua curta vida) foi relativa a dinheiro.

Segundo Desafio

O desafio para a segunda metade da vida da pessoa.

Cálculo: Subtraia o mês do ano do nascimento. Use as primeiras reduções teosóficas de cada número.

Mês de nascimento de Lennon: 10

Ano de nascimento de Lennon: 14 (1940)

(14 – 1 = 13/4)

Comentário: Problemas de adaptação, repressão e perdas. Deve ser uma referência aos abortos que ele e Yoko sofreram quando tentavam ter um filho. Sean só nasceu na quarta tentativa. Além disso, pode indicar a pressão que sofria, primeiro em razão da paranoia causada pelo incomparável sucesso dos Beatles; depois, devido ao processo de confrontar os conceitos previamente estabelecidos sobre quem ele era ou deveria ser, de acordo com a etiqueta dos Beatles e do show business. Ainda que fosse o mais malicioso entre os membros da banda, ele teve de desconstruir sua imagem de "bom garoto Beatle" para dar lugar a John Lennon, o Herói da Classe Operária — "rebatizado" John Ono Lennon.

Desafio Maior

O desafio mais importante em termos de destino. Representa mais uma situação externa do que uma condição interna, pessoal.

Cálculo: Subtraia o Primeiro Desafio do Segundo Desafio.

Primeiro Desafio de Lennon: 8
Segundo Desafio de Lennon: 13
$(13 - 8 = 5)$

Comentário: Seu maior desafio aparece como o número 5, sugerindo sua dificuldade em controlar o uso de drogas. Elas foram um grande problema na vida de John, especialmente o álcool e a heroína. Por outro lado, algumas drogas psicodélicas o inspiraram a escrever alguns de seus clássicos. Além disso, mudanças típicas de 5 representavam um grande desafio, já que ele teve de encarar um longo processo para conseguir o direito legal de permanecer nos Estados Unidos — o governo Nixon o considerava subversivo e foi só após a queda desse governo que John conseguiu o Green Card.

Períodos da Vida

Agora abordaremos os Períodos da Vida, que incluem Ciclos e Piná-culos. Já sabemos que não é possível uma previsão absoluta e imutável do destino, mas esses cálculos servem para analisar as condições preexistentes com as quais o livre-arbítrio de cada um interagirá. A análise do destino se detalha mais ainda no Gráfico da Vida e no Mapa Numerológico Anual, que serão abordados mais adiante. Contudo, após o Caminho do Destino, que apresenta uma visão geral e ampla sobre as condições de vida de um indivíduo, é possível dividir o período de vida de uma pessoa em três Ciclos que representam eventos e situações especificamente relacionados à vida particular, emocional e espiritual; e em quatro Pináculos que representam eventos externos, situações relacionadas à vida profissional, social, afetiva, tudo o que vem de fora e interage com outras pessoas. Os Pináculos representam as quatro estações na vida do indivíduo.

CICLOS

Dividem-se em três partes e mostram eventos relacionados ao Interior da personalidade.

Cálculo: O Primeiro Ciclo começa no nascimento e muda por volta dos 28 anos (essa idade varia de uma pessoa para outra, como veremos). O Segundo Ciclo vai dos 28 aos 56 (de novo, essa idade-base será individualizada por meio de cálculos a serem apresentados). O Terceiro Ciclo substitui o Segundo, à medida que a vibração deste se desfaz. O cálculo desses ciclos é um tanto intrincado, então vamos por partes.

Primeiro Ciclo

Começa no nascimento e termina quando ocorre o Ano Pessoal 1 mais próximo dos 28 anos de idade da pessoa analisada. Para calcular o Ano Pessoal, some os números do dia e do mês do nascimento com

O MAPA NUMEROLÓGICO NATAL

o ano em questão. Observe que os Anos Pessoais seguem em ordem matemática, ou seja, após um Ano Pessoal 1 virá um Ano Pessoal 2 ou 11, e então um Ano Pessoal 3, e depois 4 ou 22, e então Ano Pessoal 5 etc. Após um Ano Pessoal 9, o ciclo recomeça com um Ano Pessoal 1. Contudo, é importante fazer a soma com os números inteiros, para que as origens finais obtidas estejam corretas. Afinal, isso determinará se um Ano Pessoal é 4 ou 22, ou se a origem de um Ano Pessoal 6 é 24 ou 15. Por exemplo, como John Lennon nasceu em 9/10/1940, ele completou 28 anos em 1968. Vamos usar 1968 como base do cálculo: somamos o dia do nascimento (9), o mês do nascimento (10) e o ano em questão (1968):

(9 + 10 + 1968 = 1987/25/7)

Ano Pessoal de John Lennon para 1968: 25/7

Se o Ano Pessoal é 7, é só avançar três anos e teremos o Ano Pessoal 1 mais próximo dos 28 anos. Veja:

1962 — 22 anos — Ano Pessoal 19/1

1963 — 23 anos — Ano Pessoal 20/2

1964 — 24 anos — Ano Pessoal 21/3

1965 — 25 anos — Ano Pessoal 22

1966 — 26 anos — Ano Pessoal 23/5

1967 — 27 anos — Ano Pessoal 24/6

1968 — 28 anos — Ano Pessoal 25/7

1969 — 29 anos — Ano Pessoal 26/8

1970 — 30 anos — Ano Pessoal 27/9

1971 — 31 anos — Ano Pessoal 19/1

Sabemos que o Primeiro Ciclo de John Lennon começou a vibrar na ocasião de seu nascimento e terminou aos 31 anos. Resta definir qual é o número que está vibrando nesse período. O Primeiro Ciclo é sempre o número do mês de nascimento.

Primeiro Ciclo de John Lennon: 10/1 (de 0 a 31 anos)

Segundo Ciclo

Esse período começa a se fazer sentir simultaneamente ao fim do Primeiro Ciclo e seu campo de ação se dissipa quando começa o Terceiro Ciclo. O número do ciclo é o do dia do nascimento.

Terceiro Ciclo

Começa durante a passagem do Ano Pessoal 1 mais próximo dos 56 anos. O número do Terceiro Ciclo é o mesmo do ano do nascimento. O processo é o mesmo usado para encontrar o fim do Primeiro Ciclo:

1989 - 49 anos — Ano Pessoal 2008/10/1
1990 - 50 anos — Ano Pessoal 2009/11
1991 - 51 anos — Ano Pessoal 2010/3
1992 - 52 anos — Ano Pessoal 2011/4
1993 - 53 anos — Ano Pessoal 2012/5
1994 - 54 anos — Ano Pessoal 2013/6
1995 - 55 anos — Ano Pessoal 2014/7
1996 - 56 anos — Ano Pessoal 2015/8
1997 - 57 anos — Ano Pessoal 2016/9
1998 - 58 anos — Ano Pessoal 2017/10/1

Sendo assim, chegamos finalmente aos seguintes Ciclos para John Lennon:

Primeiro Ciclo de John Lennon: 10/1 (de 0 a 31 anos)
Segundo Ciclo de John Lennon: 9 (de 31 a 58 anos)
Terceiro Ciclo de John Lennon: 1940/14/5 (de 58 anos em diante)

PINÁCULOS

Há quatro Pináculos, que representam as quatro estações, os fatores externos, o clima que vem de fora.

Cálculos: Assim como com os Ciclos, precisamos ir passo a passo para aprender a calcular os Pináculos.

Primeiro Pináculo — Primavera

Para achar o número do Primeiro Pináculo, some o dia e o mês do nascimento. O Pináculo termina na idade equivalente à subtração entre 36 e o número elementar ou mestre do Caminho do Destino. No caso de John Lennon, fica assim:

Dia do Nascimento de Lennon: 9

Mês do Nascimento de Lennon: 10
(10 + 9 = 19/1 — número do Primeiro Pináculo)

Caminho do Destino de Lennon: 1959/24/6
(36 – 6 = 30 — idade na qual acaba o Primeiro Pináculo)

Sendo assim, o Primeiro Pináculo de John Lennon tem valor 19/1, começa no nascimento e se dissipa durante os 30 anos de idade.

Segundo Pináculo — Verão

Este número é determinado pela adição de dia e ano de nascimento. Sua passagem dura nove anos. Assim, no caso de John somamos 9 + 1940 = 1949/23/5, e sabemos que 5 será a vibração dominante entre os 30 e os 39 anos de idade.

Terceiro Pináculo — Outono

Some os valores do Primeiro e do Segundo Pináculo para obter o número da vibração do Terceiro Pináculo, que dura também nove anos, ou seja, entre os 39 e os 48 anos de idade. Some os números inteiros:

Primeiro Pináculo de Lennon: 19/1

Segundo Pináculo de Lennon: 1949/23/5
(19 + 1949 = 1968/24/6)

Terceiro Pináculo de Lennon: 1968/24/6

Quarto Pináculo — Inverno

Some o mês e o ano do nascimento (no caso de Lennon: 1940 + 10 = 1950/15/6). O Quarto Pináculo começa durante o fim do Terceiro Pináculo (aos 48 anos) e se estende até o fim da vida. Vejamos os de Lennon:

INICIAÇÃO À NUMEROLOGIA

Primeiro Pináculo de Lennon: 19/1 (de 0 a 30 anos)

Segundo Pináculo de Lennon: 23/5 (de 30 a 39 anos)

Terceiro Pináculo de Lennon: 1968/24/6 (de 39 a 48 anos)

Quarto Pináculo de Lennon: 1950/15/6 (de 48 anos em diante)

Agora, finalmente, podemos juntar os Ciclos, os Pináculos e o Caminho do Destino para termos uma perspectiva da interação entre os arquétipos. Vamos aproximar as datas cujo intervalo não seja maior do que um ano. Ou seja, se o Ciclo terminar aos 28 anos de idade e o Pináculo aos 29, podemos "arredondar" para termos o Ciclo e o Pináculo terminando aos 29 anos. A transição dos arquétipos numéricos não é rígida, levando cerca de um ano. Vejamos o exemplo de John Lennon:

1º Período: Destino 24/6 — Ciclo 10/1 — Pináculo 19/1
(de 0 a 30 anos)

2º Período: Destino 24/6 — Ciclo 9 — Pináculo 23/5
(de 30 a 39 anos)

3º Período: Destino 24/6 — Ciclo 9 — Pináculo 24/6
(de 39 a 48 anos)

4º Período: Destino 24/6 — Ciclo 9 — Pináculo 15/6
(de 48 a 58 anos)

5º Período: Destino 24/6 — Ciclo 14/5 — Pináculo 15/6
(de 58 anos em diante)

Comentário: O Primeiro Período de John trazia a combinação de 24/6, 10/1 e 19/1. A conjunção de dois números 1 (especialmente sendo um deles 19) é um tanto dura e arrogante, traços que John realmente gostava de demonstrar durante seus primeiros trinta anos de vida. Obviamente a combinação reflete o excepcional líder que ele era e um claro egoísmo, mas pode-se entender tudo isso da perspectiva de 24/6, arquétipo que cobre ambos os números 1 do Ciclo e do Pináculo, já que o Caminho do Destino é a vibração dominante. Isso indica que a arrogância que ele demonstrava era, sim, um grito de socorro de uma alma extremamente

O MAPA NUMEROLÓGICO NATAL

sensível em postura defensiva. A conjunção sugere negligência no que diz respeito às questões familiares. O primeiro casamento de John aconteceu devido à gravidez de Cynthia. Julian, seu primeiro filho, nasceu durante a efervescência da histeria beatlemaníaca, fator decisivo para que John fosse um pai distante, que perdeu o crescimento do filho. Durante essa fase, houve também a transição de Cynthia para Yoko e a reação negativa do mundo exterior (19) em relação a ambos os casamentos: o primeiro casamento de Lennon foi escondido da imprensa durante um bom tempo, e o segundo foi objeto de rejeição e ciúme por parte da maioria da sociedade mundial. A transmutação da energia densa veio na forma dos *bed-ins* e das manifestações que John e Yoko fizeram, chamando atenção para causas políticas e pacifistas, que se afinam com o simbolismo de 10.

Seu Segundo Período mistura 24/6, 9 e 23/5 — uma combinação explosiva, pois 5 e 9 são números inflamados, libertários, ousados, atrevidos. Nesse período Lennon manifestou mais que nunca sua famosa verve mordaz, esteve envolvido em ativismo político da esquerda radical, teve sua arte censurada e suas ligações telefônicas foram grampeadas pelas autoridades, que queriam deportá-lo. E, quando 5 encontra 6, não é exatamente um encontro harmônico: são incompatíveis. De fato, Lennon teve problemas em seu relacionamento com Yoko, e houve uma separação que durou dezoito meses. A combinação de dois números mutáveis e dinâmicos como 5 e 9 sugere viagens, e houve muitas no período de turnês com os Beatles: Lennon mudou-se de sua Inglaterra natal, casou-se com uma asiática e criou o filho de ambos nos Estados Unidos, na cidade mais multicultural do mundo, Nova York. Dessa forma, havia um pouco mais que apenas viagens na conexão, mas o cruzamento de 6 (família, casamento), 5 (mudança, desafio, imprevisibilidade) e 9 (internacionalidade, comunicação, grandes massas). Além disso, as drogas eram uma realidade absoluta, bem como sua cura do vício graças à macrobiótica — 6, a cura (e doença) e 5 e 9, sexo, drogas e rock'n'roll. E 9 é símbolo de amplitude, o que às vezes pode afastar um casal, pois ficam reduzidos os momentos de intimidade

INICIAÇÃO À NUMEROLOGIA

a dois; tudo é muito grandioso e por demais exuberante e espaçoso. Contudo, parece que esse foi um período particularmente feliz na vida em casal de John e Yoko, provavelmente devido à personalidade naturalmente cosmopolita do casal.

O nascimento de Sean Taro Ono Lennon — no dia do aniversário de John! — estabilizou tudo, inclusive o relacionamento com Yoko, que ficou menos "colado", já que Lennon viajava e passava muitas horas com o filho, tentando compensar em Sean a atenção que não dedicara a Julian nos anos de loucura Beatle — erro que os pais do próprio John cometeram com ele quando criança. Enquanto isso, Yoko trabalhava para multiplicar a fortuna da família, investindo em gado leiteiro e obras de arte. John lidava então com as típicas tendências de 5 e 9, que insinuam controvérsia e descobertas de novas sensações, ambas canalizadas para a família (6) e para a cura (24).

O Terceiro Período pouco foi vivido, já que John foi lamentavelmente assassinado aos 40 anos de idade e o período começa aos 39 anos. De toda forma, o breve exemplo desse período foi de transição de cinco anos de reclusão para um recomeço com um novo álbum com Yoko, *Double Fantasy*. É estranho que a conjunção seja 24/6, 9, 24/6, que sugere batalha emocional e sofrimento. Nem sempre se sabem as razões da natureza, e certamente não é possível confirmar tudo que se passa na mente e na alma da pessoa analisada pelo mapa — e, mesmo que fosse possível, não seria o caso de discutir particularidades da pessoa em um livro. Meu objetivo com este estudo, bem como o objetivo do mapa, não é julgar as pessoas e os eventos, mas analisá-los — e com eles aprender alguma coisa. De toda forma, a combinação de números sugere um drama familiar, e não estou certo se isso seria o amargo sinal de ele ter sido morto exatamente quando se sentia mais realizado como homem; ou se haveria algo a ser encarado mais tarde e o ciclo foi interrompido. Os períodos seguintes não serão analisados, já que Lennon não estava vivo durante sua passagem e seria perda de tempo lançar hipóteses vazias.

Gráfico da Vida

Aqui temos uma conjunção de letras e números. Esta posição fornece informações mais específicas sobre vibrações temporárias que estão de passagem pela vida da pessoa. Cada número ou letra do gráfico é um sinal relevante, mas as "conjunções" são o mais importante: elas ocorrem quando todos os números e/ou letras se encontram na mesma linha. Quando os números ou as letras são repetidos, porém, há uma condensação da vibração que se reflete em geral de maneira negativa. Essas conjunções de iguais costumam aparecer mais de uma vez ao longo da vida, mas não se manifestam sempre, geralmente se concentrando em uma única ocasião. Vejamos, passo a passo, como construir o Gráfico da Vida:

Tome nota da data de nascimento (dia, mês, ano) e sua evolução, dia a dia (John Lennon nasceu em 9 de outubro de 1940).

- Faça o mesmo com a idade correspondente a cada aniversário.

Veja o Gráfico da Vida de Lennon:

Gráfico da Vida de John Winston Lennon

Data	Idade	Trânsito	Motivação	Ano Pessoal
9/10/1940	0	J W L	9	24/6
9/10/1941	1	O W L	14/5	16/7
9/10/1942	2	O W L	14/5	17/8
9/10/1943	3	O W E	16/7	18/9
9/10/1944	4	O W E	16/7	19/1
9/10/1945	5	O I E	0/2	20/2
9/10/1946	6	O I E	20/2	21/3
9/10/1947	7	H I E	22	22
9/10/1948	8	H I N	22	23/5
9/10/1949	9	H I N	22	24/6
9/10/1950	10	H I N	22	25/7
9/10/1951	11	H I N	22	17/8

INICIAÇÃO À NUMEROLOGIA

Data	Idade	Trânsito	Motivação	Ano Pessoal
9/10/1952	12	H I N	22	18/9
9/10/1953	13	H I N	22	19/1
9/10/1954	14	H N N	18/9	20/2
9/10/1955	15	N N N	15/6	21/3
9/10/1956	16	N N N	15/6	22
9/10/1957	17	N N N	15/6	23/5
9/10/1958	18	N N O	16/7	24/6
9/10/1959	19	N S O	12/3	25/7
9/10/1960	20	J T O	09	26/8
9/10/1961	21	O T O	14/5	27/9
9/10/1962	22	O O O	18/9	19/1
9/10/1963	23	O O O	18/9	20/2
9/10/1964	24	O O N	17/8	21/3
9/10/1965	25	O O N	17/8	22
9/10/1966	26	O O N	17/8	23/5
9/10/1967	27	H O N	19/1	24/6
9/10/1968	28	H N N	18/9	25/7
9/10/1969	29	H N L	16/7	26/8
9/10/1970	30	H N L	16/7	27/9
9/10/1971	31	H N L	16/7	19/1
9/10/1972	32	H N E	18/9	20/2
9/10/1973	33	H W E	18/9	21/3
9/10/1974	34	H W E	18/9	22
9/10/1975	35	N W E	15/6	23/5
9/10/1976	36	N W E	15/6	24/6
9/10/1977	37	N W N	15/6	25/7
9/10/1978	38	N I N	19/1	26/8
9/10/1979	39	N I N	19/1	27/9
9/10/1980	40	J I N	15/6	28/1

O MAPA NUMEROLÓGICO NATAL

- Tome nota do trânsito das letras na terceira coluna do Gráfico da Vida. Para tanto, escreva na vertical os nomes da pessoa em separado, repetindo cada letra tantas vezes quanto for seu valor numérico (a letra J, de John, dura apenas um ano, enquanto O dura 6 anos, H dura 8, e assim por diante). Há três planos básicos de ação das letras do nome: a primeira coluna (primeiro nome, John) tem a letra agindo no plano físico; a segunda coluna (segundo nome, Winston) abrange o plano emocional; e a terceira coluna (terceiro nome, Lennon), representa o plano mental/espiritual. Pessoas que têm mais de três nomes acumulam vibrações nos planos.

- A coluna Motivação consiste no somatório dos valores numéricos das letras a cada ano do trânsito das letras — ou seja, some as letras na horizontal. Como o próprio nome revela, o número resultante mostrará o tipo de motivação que move a pessoa durante aquele ano e que terá efeito no modo como se recebem as vibrações vindas de fora: o Ano Pessoal.

- Somando o dia e o mês do nascimento mais o ano de passagem se chega ao Ano Pessoal, que, como sabemos, revela o clima e os principais eventos do ano em questão.

Comentário: Entre 1 e 2 anos de idade, a conjunção de 14 e 16 sugeria um problema estrutural na família (Destino 24/6). Um pouco depois, seus pais se separaram — o que tinha conotações bem diferentes de uma separação nos dias de hoje. Mais ou menos quando ele tinha 3 anos, a conjunção de 16 e 18 era um tanto dura para uma criança tão pequena. Por volta dos 5 a 6 anos, dois números 2 representavam fraqueza e vulnerabilidade: nessa época o pai de John, que viria a abandoná-lo, quis levá-lo para a Nova Zelândia, onde vivia na época. Ainda assim, John preferiu ficar com os tios. No final, o pai deixou o pequeno John com a mãe, a qual o devolveu para os tios. A conjunção de 22 entre os 7 e 8 anos indica visão de longo alcance, algum tipo de iluminação ou um formidável e doloroso obstáculo.

INICIAÇÃO À NUMEROLOGIA

Entre os 14 e os 19 anos, a conjunção de três letras N indica acontecimentos súbitos, fins repentinos, choque, mudanças velozes, movimento e locomoção. Essa conjunção encontra a Motivação 16 e o Ano Pessoal 24 aos 18 anos, sugerindo um ambiente pesado. Foi nessa época que a mãe de John morreu, acontecimento de impacto definitivo em sua formação como homem e como artista. Obviamente isso não implica que toda conjunção NN venha a trazer a mesma situação para todos. Há muitas maneiras de interpretar símbolos, e o mais importante é ter em mente que eles dizem mais *como* do que *o que*.

Em 1960, a letra T simboliza casamento e J representa responsabilidade. Em 1961, a conjunção de letras O indica tarefa, problema emocional, enquanto T traz o simbolismo do casamento. Há uma conjunção de 14 e 18, que denota casamento no escuro, pois 14 é o número da "arte", da conjunção de polaridades, e 18 mostra a fonte e a direção de tal união — pisando em ovos no escuro. Esse era o cenário quando a namorada de John, Cynthia, descobriu estar grávida. Repare também que o número 18 pode indicar uma gravidez inesperada, bem como um aborto. Eles se casaram em 23 de fevereiro de 1962, e, mesmo não tendo sido um casamento infeliz, John também não demonstrou que tivesse sido particularmente feliz: ele disse em entrevistas que ele e Cynthia nunca tiveram muito a dizer um ao outro.

Até outubro de 1967, aproximadamente, a conjunção aumentou para depois enfraquecer, refletindo os altos e baixos do casal. De qualquer forma, entre 67 e 68 a letra O não estava mais em conjunção com outra letra O, o que muda a vibração completamente, deixando o clima mais propício à vivência positiva do simbolismo dessa letra. Isso se confirma na biografia de John, pois em maio de 1968 ele e Yoko passaram sua primeira noite juntos e gravaram sua primeira colaboração, o disco *Unfinished Music No.1: Two Virgins*. Entre outubro de 1968 e outubro de 1969, mais uma conjunção relacionada a morte e acidente os encontrou em julho de 1969, quando John, Yoko e seus respectivos filhos dos casamentos anteriores, Julian e Kyoko, se envolveram num acidente de carro na Escócia devido à insistência

124

O MAPA NUMEROLÓGICO NATAL

do míope John em dirigir sem óculos. A mesma conjunção de 16 e 19 aparece de novo por volta dos 31/32 anos. Não sei se essa conjunção se materializou, mas provavelmente se diluiu, já que não há referência a qualquer evento do tipo em suas biografias.

Entre 1973 e 1978 havia um W na coluna emocional, o que tende a descrever o começo e/ou fim de um relacionamento. Exatamente quando o trânsito da letra começa, em outubro de 1973, John e Yoko separaram-se por dezoito meses, período durante o qual John saiu com sua assistente, May Pang. Nos últimos meses de 1976, havia uma conjunção de números 6 indicando a mesma coisa que uma conjunção OO indicaria — transtornos em questões relacionadas a amor. Mas a regra que diz que uma conjunção dificilmente se materializa todas as vezes em que aparece pode se aplicar aqui, pois ele sempre se referiu a esse período de reclusão como o mais feliz de sua vida. A terceira e última conjunção de letras N aparece entre 1975 e 1980, terminando dois meses antes de sua morte. A conjunção parece diluída, e é interessante perceber que a morte de John não foi revelada por nenhum dos sistemas divinatórios que Yoko costumava consultar naquela época. O único sinal da morte iminente foi uma intuição que ela teve, quando pediu a John para viajar, como havia feito antes, para "dissipar energias negativas". Ela insistiu que ele deveria ir para as Bermudas com Sean, mas John recusou-se a ir. Yoko declarou que só entendeu a premonição após a tragédia. Eu penso que nem tudo pode ser lido nos números ou em qualquer outro sistema divinatório — ou seja, nem tudo é para ser compreendido na hora, embora os sinais sempre tenham estado lá.

Tabela 4. As letras no Gráfico da Vida

A	Começo, renovação, atividade, direção, comando, poder, brilho. *Conjunção:* Vírus, estresse, excesso de energia *yang*.
B	União, sociedade, divisão, ruptura, sensibilidade, lentidão. *Conjunção:* Sensibilidade demais, separação, acidente, depressão, apatia.
C	Amigos, criatividade, coisas novas, gente diferente, diversão. *Conjunção:* Criatividade e ansiedade, dissipação, diluição.

INICIAÇÃO À NUMEROLOGIA

D	Racionalidade, trabalho, espera, paciência, rigor, método. *Conjunção:* Limites, tensão, repressão, hipocrisia, frustração, tradicionalismo, imobilidade, parada.
E	Movimento, mudança, renovação, sexo, experiências, aventura. *Conjunção:* Nervosismo, excesso de drogas e/ou de sexo, problemas ginecológicos/urológicos.
F	Afeição, família, emoção, responsabilidade, harmonia, estabilidade. *Conjunção:* Emoção, paixão, êxtase e amor — mas tudo isso fora de controle.
G	Lentidão, isolamento, reflexão, meditação, religião. *Conjunção:* Falsidade, traição, sensação de ser observado, mistério, apreensão, fraude religiosa.
H	Racionalidade, negócios, dinheiro, justiça, lei, prosperidade. *Conjunção:* Tensão, opressão, oportunidade de negócios para quem for ágil e veloz.
I	Agitação, ansiedade, atividade, grupos, viagem, evolução, crescimento. *Conjunção:* Problema emocional, revelação de segredos e coisas escondidas.
J	Recomeço, recuperação de poder, experiência, comando, um ponto de mutação. *Conjunção:* Responsabilidades em excesso, tensão, superatividade.
K	Não convencional, intuição, dualidade, descoberta, algo intrigante, renovação. *Conjunção:* Mal-entendido, engano, insegurança, depressão, paranormalidade, domínio.
L	Sabedoria, conhecimento, felicidade conquistada. Pressa seria erro fatal. *Conjunção:* Perda de energia, complexo de vítima, consternação.
M	Transformação súbita, esforço de trabalho, resultado, morte (simbólica ou material). *Conjunção:* Trabalho em excesso, mudança radical, profundidade, morte.
N	Mudança natural, viagem, prazer, aventura, rapidez, originalidade, indolência, preguiça. *Conjunção:* Acidentes, distração, risco de vida devido a impulsividade.
O	Paixão, caso de amor, filhos, família, impulso, romance, parcialidade. *Conjunção:* Problemas cardíacos, paixão cega, explosão, ciúme, instintos crus.

P	Ruptura, queda, introspecção, mudança de objetivo ou destino, impedimento, espiritualidade. *Conjunção:* Isolamento, doença prolongada, reflexão forçada.
Q	Dinheiro, ganho, herança, prêmio, recompensa, esperança. *Conjunção:* Prosperidade. No entanto, excesso de esperança pode gerar negligência.
R	Nervosismo, aspereza, agressividade, preocupação, desejo, agilidade, confusão. *Conjunção:* Acidentes, drogas, ilusão, desilusão, intoxicação, fraude, dissimulação.
S	Grande força, pretensão, ambição, ego, lutas, atividade física. *Conjunção:* Depressão, solidão, perda de poder.
T	Casais, parceiros, amplitude, megalomania, tédio. *Conjunção:* Culpa, alguém atormentado pela consciência, coitadismo, assombro.
U	Plenitude, expansão, amplitude, megalomania, tédio. *Conjunção:* Fim de ciclo, perda e ganho, altos e baixos, instabilidade.
V	Doação, caridade, trabalho, ambição, desenvolvimento. *Conjunção:* Anulação do ego, ambição cega, surpresas, acontecimentos imprevisíveis, boas novas.
W	Mudanças, transformação, aventuras, ousadia, diversão, viagem. *Conjunção:* Mudanças repentinas, surpresas, acontecimentos imprevisíveis, boas novas.
X	Posse, relacionamento sufocante, ciúme. *Conjunção:* Infelicidade brotando de um ponto de vista distorcido.
Y	Paternidade/maternidade, amizade, intuição, intelecto, divisão, conflito, introspecção. *Conjunção:* Problemas com filhos, drogas, consciência pesada, espiritualidade problemática ou mal resolvida.
Z	Tudo ou nada em termos de dinheiro, posses materiais, justiça. Problemas de saúde que podem ser resolvidos. *Conjunção:* Depressão, paixão platônica, morte.

INICIAÇÃO À NUMEROLOGIA

Tabela 5. Conjunções numéricas

Números	Características
1/1	Hiperatividade inútil, luta por poder, excessos em geral, autoritarismo, inflexibilidade.
1/2	Conflito de interesses, mas também opostos complementares.
1/3	Harmonia, acordo, sucesso, praticidade, criatividade.
1/4	Dissonância entre rapidez e lerdeza, mas há harmonia se os papéis estiverem claros.
1/5	Realização, dinamismo, mutabilidade.
1/6	Harmonia após aceitação de responsabilidades, conflito entre lógica e ambiguidade.
1/7	Euforia, mudança gradual, racionalidade. São números complementares, apesar de 1 ser apressado demais para o metódico 7.
1/8	Arquétipos complementares, poder conquistado, batalha dura, rivalidade.
1/9	Tensão, ansiedade controlada e canalizada que pode resultar em criatividade, cooperação, equilíbrio.
1/11	Grande força, carisma, desenvolvimento, rivalidade. Pode haver cooperação se o ego não prevalecer.
1/22	Crescimento, inteligência, liderança, generosidade.
2/2	Fragilidade, grande sensibilidade, mesmo passividade, covardia, inoperância, inércia.
2/3	Relativa compatibilidade, mesmo que 2 seja lento demais para a afobação de 3.
2/4	Lentidão, estabilidade. Evolução lenta, mas segura.
2/5	Sensualidade, paixão, complementares, tendência a se deixar levar por desejos e vícios.
2/6	Gentileza, comunicação, harmonia, mas sem praticidade.
2/7	Misticismo, pesquisa, mediunidade, sutileza, serenidade.
2/8	Equilíbrio entre ambição e emoção.

O MAPA NUMEROLÓGICO NATAL

Números	Características
2/9	Sentimentalismo exagerado, descontrole.
2/11	Intensa energia psíquica vivenciada com tranquilidade.
2/22	Potencial de fecundidade, relacionamento humanitário, passividade.
3/3	Muita criatividade, mas pouca praticidade.
3/4	Realização e imaginação, ideias materializadas.
3/5	Acordo, vivacidade, juventude, entusiasmo.
3/6	Harmonia, gentileza, equilíbrio, conforto.
3/7	Divisão entre convivência social e introspecção meditativa.
3/8	Praticidade e criatividade, realização, trabalho, credibilidade.
3/9	Vivacidade, expressão, dinamismo, equilíbrio.
3/11	Excitação, ousadia, abertura ao conhecimento.
3/22	Amigos influentes, favores, ganho.
4/4	Agenda cheia, falta de imaginação, esterilidade, esforço, tensão, repressão, pouca ambição, muita estabilidade.
4/5	Conflito de interesses conduzindo a crescimento ou choque frontal.
4/6	Objetividade e gentileza combinadas, estabilidade, entendimento.
4/7	Razoável, estável ou mal-humorado, macambúzio, avarento.
4/8	Secura, rigidez, materialismo, bom negócio.
4/9	Razão e compaixão, limitação e expansão.
4/11	Vibrações divergentes, mas só 4 consegue tornar 11 mais objetivo, enquanto 11 pode ampliar o embotamento de 4. Comunicação difícil.
4/22	O instrutor e o instruído, uma combinação complementar e harmoniosa.
5/5	Abuso de liberdade, impulsividade, volubilidade, aprendizado por meio de aventuras e riscos.
5/6	Naturezas divergentes, choque, falta de entendimento, altos e baixos, infidelidade.
5/7	Destemor, análise filosófica, teoria e prática, alguma confusão.

INICIAÇÃO À NUMEROLOGIA

Números	Características
5/8	Impulsividade e racionalismo, atração entre opostos.
5/9	Energias convergentes, mudança positiva, equilíbrio, sucesso.
5/11	Originalidade e ousadia, às vezes petulância.
5/22	Audácia, evolução, progresso, domínio espiritual.
6/6	Sentimentalismo excessivo, vulnerabilidade, atrasos, questões de família.
6/7	Solidão ainda que acompanhado, mente *versus* coração.
6/8	Repressão, medo, insegurança, matéria *versus* emoção.
6/9	Criatividade, equilíbrio, objetivo, atividade.
6/11	Comunicação truncada, pressupostos incompatíveis.
6/22	Doação, caridade, amor, serviço público.
7/7	Inteligência, profundidade, lentidão, crítica, mau humor, tensão cerebral.
7/8	Dicotomia, maniqueísmo, realização.
7/9	Inconstância, imprevisibilidade.
7/11	Grande potencial espiritual, filosófico, intelectual; pouco se importa com convenções; isolamento da sociedade.
7/22	Cabeça no céu e pés no chão.
8/8	Tensão, autodestruição, produtividade, materialismo, avidez, problemas legais.
8/9	Equilíbrio entre matéria e espírito.
8/11	Capacidade de ser incomum sem chocar.
8/22	Acordo perfeito, riqueza, grande mudança, oportunidade.
9/9	Energia excessiva, comunicação truncada, velocidade, acidente, tensão.
9/11	Percepção, evolução, crescimento, ruptura de convenções, revolucionário.
9/22	Política, grupo, partido, religião, transcendência, loucura.
11/11	Iluminação ou loucura, transcendência ou degradação.
11/22	Complementaridade, intuição, objetividade, assimilação.
22/22	Tudo ou nada.

O MAPA NUMEROLÓGICO NATAL

— PARTE 2 —
SUGESTÕES DE INTERPRETAÇÃO

Vejamos agora algumas sugestões para auxiliar a interpretação dos números básicos no mapa numerológico.

INTERIOR

Interior 1 — Centralizador, o indivíduo precisa estar claramente no comando de suas relações e não gosta de ser contrariado. Contudo, se for usada persuasão, ele pode ser conduzido. Muitas vezes, a proteção e a lealdade que oferece compensam seu aspecto totalitário.

Interior 2 — Dedicado, carinhoso, o indivíduo depende da aprovação dos entes próximos. Dificilmente toma a frente das relações, acabando por seguir a direção que o cônjuge, um familiar ou um amigo oferecem. Prefere dar a receber atenção.

Interior 3 — Uma criança crescida; precisa de muita atenção, tem de estar no centro de um palco. Falante, expressivo, criativo, é bom quando encontra uma pessoa de caráter maternal/paternal com quem dividir a vida. Costuma fazer muitos amigos e ganha intimidade facilmente.

Interior 4 — Afetivamente fechada, a personalidade 4 no Interior tende a reprimir e racionalizar as emoções e a colocar o trabalho e as obrigações na frente, o que pode tornar o relacionamento difícil. Por outro lado, são pessoas fiéis e confiáveis, o que não é pouco. Gostam de rotina e de estabilidade, de conhecer o terreno em que pisam.

Interior 5 — Gostam de variar, por isso tendem a ser um pouco volúveis. Contudo, quando encontram uma pessoa que seja múltipla e versátil o bastante para suprir sua necessidade de novidades, podem até se encontrar em um relacionamento longo, estável e monógamo. Costumam ter muitos amigos, mas poucos lhes são verdadeiramente íntimos.

131

Interior 6 — Pessoa feita para o casamento, para a vida em família e para manter amizades por toda a vida — se conseguir dominar sua enorme tendência ao ciúme e à posse, que podem distorcer tudo de bom que traz para a vida afetiva.

Interior 7 — A parte intelectual ou espiritual é que fala mais alto, portanto, as relações de afeto e de amor precisam desse ponto de atração, do contrário não acontecem, ou duram pouco. As personalidades 7 costumam ser arredias e distantes, mas, se o cônjuge entende essa maneira de ser, pode ganhar um companheiro para toda a vida.

Interior 8 — A vida profissional fala mais alto, portanto, é preciso que se compreenda a necessidade que a personalidade 8 tem de realizar suas ambições. As pessoas que se relacionam com alguém de Interior 8 devem ser no mínimo úteis, para não dizer brilhantes, em termos sociais, profissionais e financeiros — 8 não tolera gente inoperante. Tendem a colocar a justiça acima do amor.

Interior 9 — Embora não sejam necessariamente volúveis, essas pessoas precisam de muita intensidade emocional, que dificilmente encontram em uma pessoa só, por isso estão sempre cercadas de grupos e de muitas pessoas, o que deixa sobrar poucos momentos de intimidade. Quem se relaciona com um 9 sabe ser ele um ótimo amigo, cercado de muitos outros.

Interior 11 — Só se relacionam com pessoas muito especiais ou, no mínimo, peculiares. Não toleram ciúmes e pessoas possessivas, e podem mudar de ideia sem lógica aparente. Quanto mais comum for a relação com a personalidade 11, menos ela dura.

Interior 22 — Sua necessidade espiritual de construir algo perene leva essa pessoa a manter seu foco emocional na família, no amor e nos amigos. Mesmo assim, às vezes não consegue se dedicar o quanto gostaria a essas pessoas, pois ao mesmo tempo sente que precisa cumprir uma missão que está além da vida sentimental e pessoal.

EXTERIOR

Exterior 1 — Líder nato, transmite segurança, poder e determinação à primeira vista. Costuma ser desinibido e congrega pessoas à sua volta.

Exterior 2 — Tímido, fechado, não gosta de chamar atenção, prefere escutar a falar, observar a determinar, cumprir a mandar. Comportamento passivo-agressivo.

Exterior 3 — Falante, criativo, alegre e engraçado, esse indivíduo é aquele que tem sempre algo engraçado ou divertido para dizer e transmite muito entusiasmo.

Exterior 4 — Transmite seriedade, responsabilidade. Costuma inspirar tanta confiança que pessoas sem a menor intimidade acabam lhe confessando segredos.

Exterior 5 — A primeira impressão é de voluptuosidade e sensualidade e de rebeldia e ironia. Costumam ser pessoas atraentes, expressivas e muitas vezes rebeldes.

Exterior 6 — Transmite uma impressão de simpatia, solicitude e sociabilidade. Uma pessoa ao mesmo tempo discreta e popular, que causa a impressão de ser da família.

Exterior 7 — Pode parecer antipático, mas aqueles que conseguem ultrapassar a bruma que cerca personalidades 7 perceberão uma verve astuta e observadora detrás de sua discrição.

Exterior 8 — Aparenta seriedade, reverência. Transmite ambição em larga escala, quer deixar sua marca na sociedade. Pessoa carismática, ainda que goste de se autoafirmar e pareça querer provar alguma coisa.

Exterior 9 — Costuma tratar todas as pessoas da mesma maneira, independentemente da classe social ou da hierarquia profissional. Aparenta dinamismo e energia, às vezes ansiedade.

Exterior 11 — Personalidade magnética, que chama a atenção pelo inusitado, pelo exótico ou pelo original. Nunca se encaixa completamente em nenhum grupo social.

Exterior 22 — Transmite preocupação, como se estivesse sempre com uma tarefa engatilhada para realizar. Cativante e envolvente, sabe conseguir o que quer sem parecer autoritário ou insistente.

SÍNTESE

Síntese 1 — Personalidade individualista e vaidosa, mesmo que não demonstre claramente. Necessita liderar como quem precisa de ar para respirar. Não aceita ser guiado nem viver em solidão; o exercício da condução de pessoas é vital.

Síntese 2 — Personalidade que busca as sombras, a cooperação discreta. Ama colaborar e frequentemente desempenha o papel de iminência parda, a influência discreta da sugestão e da persuasão.

Síntese 3 — Pessoa muito criativa, cheia de ideias e senso de humor. Expressa-se de maneira múltipla, falando muito, gesticulando, rabiscando enquanto fala. Seu temperamento infantil é a razão de sua necessidade de atenção, mas seu talento para entreter acaba por justificar a tão desejada atenção.

Síntese 4 — Sério, concentrado em seus deveres e afazeres; o(a) típico(a) homem/mulher "comum". Aprecia a rotina, o dia a dia. Prefere evitar surpresas e aventuras. Trilha caminhos já conhecidos, não desbrava. Indivíduos lógicos e racionais, empíricos.

Síntese 5 — Precisam de novidades, jogos, envolvimentos. Gostam de correr certo perigo. Pessoas sedutoras, sua relação estética com as coisas e os demais é quase erótica. Adoram os brilhos e as bolhas da vida social, não aceitam restrições, gostam de quebrar regras e não se prendem a nada.

Síntese 6 — Põem a família acima de tudo. Em segundo lugar vem a harmonia social, que pode ser cultivada a qualquer preço. Não gostam de mudanças bruscas, preferem transformações paulatinas.

Síntese 7 — Fechados, discretos e críticos, chegam a ser mordazes. Preferem o silêncio ao barulho, a vida interior à social. Não obstante serem arredios, gostam de cultivar vínculos sempiternos. São metódicos e detalhistas.

Síntese 8 — Costumam galgar seus objetivos passo a passo. Muito frágeis por um lado, gostam de demonstrar força como forma de se defenderem e geralmente expressam grande tenacidade. Fortalecem-se a cada revés.

Síntese 9 — Costumam fazer várias coisas ao mesmo tempo. Relacionam-se com os mais diferentes tipos de pessoa, mas com pouca intimidade. Comunicativos, gostam de aventuras, não se deixam intimidar e sempre procuram o enfoque espiritual das coisas, apesar de raramente se apegarem a alguma religião.

Síntese 11 — Difícil de classificar, seja qual for o paradigma. Sempre à frente dos movimentos, sempre buscando algo além do normal, querem o infinito, são os Ícaros sonhando com um voo impossível, porém pioneiro — mesmo que não dê certo na primeira tentativa.

Síntese 22 — Verdadeiros mestres espirituais, independentemente de terem ou não uma atividade religiosa. Muito generosos, adoram compartilhar suas conquistas e agregar companheiros. Têm um carisma especial que atrai seguidores.

CAMINHO DO DESTINO

Destino 1 — Costuma conseguir as coisas por si só ou liderando grupos. Não é um caminho solitário, mas a pessoa deve contar apenas consigo própria. Costuma ocupar posições de liderança, mesmo que não faça por onde. Influência masculina forte. Vida agitada, centro das atenções.

Destino 2 — Essa pessoa precisa sempre fazer acordos e alianças para conseguir seus objetivos. Influência feminina e tendência a situações de divisão e colaboração. O sucesso depende da cooperação mútua. Situações de vulnerabilidade emocional.

INICIAÇÃO À NUMEROLOGIA

Destino 3 — Os amigos têm um papel fundamental, mais até que o cônjuge. Costuma viver cercado de jovens, filhos, sobrinhos, crianças, gente criativa, artistas, pessoas expansivas. Acaba sendo levado a desempenhar o papel de porta-voz.

Destino 4 — As coisas tendem a se desenvolver mais lentamente, os objetivos são alcançados por meio de esforço contínuo. Uma vida de trabalho e de padrões constantes, com muita estabilidade e poucas surpresas.

Destino 5 — Vida instável, cheia de imprevistos e aventuras, acontecimentos sociais dos quais surgem grandes chances. Dificilmente se casa uma só vez. Tende a mudar muito de casa, de cidade, mesmo de país — ou então se relacionar com estrangeiros, profissional ou afetivamente.

Destino 6 — A família é o personagem e o cenário deste destino, para o bem ou para o mal. Também é determinante a sociedade, o núcleo que habita. Quando não há família, os amigos ou mesmo colegas de trabalho assumem seu lugar. Tendência a casamento estável, trabalhos de longo termo e poucas mudanças profundas.

Destino 7 — Uma vida basicamente solitária, mesmo que no meio de uma multidão. A solidão e o silêncio são parte essencial e podem ser bem ou mal-recebidos, dependendo da personalidade em questão — por exemplo, uma personalidade 5 pode ressentir-se de um Destino 7, que lhe parece por demais mortiço.

Destino 8 — Destino de desenvolvimento, uma progressão natural do Destino 4. A vida segue entre jogos de poder, grandes negócios, indústrias. Situações de justiça/injustiça são cruciais na estrada de tipo 8. O dinheiro é a grande questão: caso não haja empecilhos na personalidade, a tendência é o acúmulo de bens.

Destino 9 — Estilo de vida dinâmico, agitado, cheio de altos e baixos. Existe uma atmosfera de tensão que pode estimular bastante a criatividade. Contatos com pessoas dos mais variados tipos, um clima dramático e teatral. Ao contrário das vivências do Destino 5, o Destino 9 indica aprofundamento associado à multiplicidade de opções.

Destino 11 — Pode-se esperar tudo, menos o esperado e o óbvio: o inesperado é o previsível nesses casos. Essas pessoas têm porte de líder, mas são pouco tidas como tal — costumam ser reconhecidas tardiamente, até mesmo postumamente. Vida ímpar, que abre caminho para outras.

Destino 22 — Muito é cobrado dessas pessoas, cuja vida parece uma sucessão de testes assombrosos. Os obstáculos aqui são altos, mas sempre há uma opção de superação, e, a depender do número da personalidade, pode ser um destino mais leve ou mais pesado de viver.

DARMA

Darma 1 — A missão é ser independente e se impor sem precisar lançar mão de uma postura autoritária.

Darma 2 — A missão é dividir, dissolver o ego, abrandar os ânimos e viver de acordo com a própria intuição.

Darma 3 — A tarefa a cumprir é levar alegria às pessoas, comunicar-se claramente e não se deixar levar por fofocas e falatórios.

Darma 4 — O trabalho esforçado e constante é a missão dessa pessoa, que veio para organizar e estruturar.

Darma 5 — A missão aqui é quebrar as regras, estar sempre disposto a aceitar surpresas e libertar-se de limitações.

Darma 6 — Estruturar uma família, sua ou de outros, é sua missão. Há muito a fazer pelos que o cercam, mas que seja feito com leveza e alegria.

Darma 7 — A missão aqui se volta para o estudo, o desvendamento dos mistérios e das questões filosóficas. Instruir, observar e aprender.

Darma 8 — Organizar a matéria, acumular bens e, sobretudo, fazer jus ao próprio instinto de justiça são as diretrizes da missão desse número.

Darma 9 — Conciliar polos aparentemente opostos e irreconciliáveis, expandir fronteiras, alargar horizontes, avançar e descobrir novas possibilidades de crescimento.

Darma 11 — A missão de 11 é estar à frente de seu tempo, enxergar além, surpreender aqueles que o subestimam. A pessoa veio para chocar e para inovar.

Darma 22 — Missão daqueles que têm algo de espiritual para contribuir, aqueles que acabam sendo os organizadores e conselheiros da vida de outros.

CARMA

Carma 1 — É essencial que a pessoa entenda que precisa desbravar caminhos por si mesma (o que não significa de modo solitário), ser pioneira e não contar com a ajuda dos outros — não porque não queiram prestar ajuda, mas porque a natureza dos objetivos de quem tem Carma 1 impede maiores ajudas ou parcerias.

Carma 2 — A maior dádiva dessa pessoa é o dom de cooperar, facilitar, dar ritmo às coisas e situações. O maior tropeço se dá ao confundir colaboração com submissão. É preciso equilíbrio e independência, por maior que seja a tendência a transferir a alguém uma decisão que é sua.

Carma 3 — Um extremo cuidado com o que se fala e como se fala é recomendável a essa pessoa, que conta com um talento natural para convencer os demais das próprias ideias, levando muitos a executar na prática suas visões e inspirações. Aquilo que se diz tende a reverberar e retornar, então é preciso estar certo das palavras que voam boca afora.

Carma 4 — Conseguem as coisas por meio de esforço, disciplina, subida lenta e gradual, respeito às hierarquias. Têm a seu favor um forte senso de responsabilidade e dever, que os torna prontos para qualquer esforço e sacrifício. Por outro lado, sua dificuldade de ver o óbvio, de mudar o ponto de vista, pode levá-los a ficar eternamente insistindo no mesmo assunto, de maneira serial.

O MAPA NUMEROLÓGICO NATAL

Carma 5 — Devem deixar as coisas fluírem ao sabor do acaso, já que têm os golpes de sorte a seu favor. O problema é confundirem as coisas e passarem a contar com a salvação inesperada na última hora, sem perceber que a sorte é como um vento, indomável e intangível, que se esquiva à tentativa de domínio ou direcionamento.

Carma 6 — Precisam passar por um aprendizado relativo à própria família. São pessoas muito cheias de empatia e simpatia, que devem aprender a não serem por demais solícitas com todos, devendo considerar primeiro se o favorecido pela ajuda realmente *deseja* ser ajudado, além de considerar se, mesmo que o outro aceite a ajuda, se esta é realmente aquilo de que *o outro* precisa.

Carma 7 — Trazem uma grande dose de sabedoria embutida nas células, contudo podem ser vítimas da própria prudência e das próprias maquinações, caso se deixem levar pela vaidade do intelecto. Muitas vezes podem perder a chance de fazer ou de dizer algo na hora certa, por excesso de planejamento.

Carma 8 — Uma questão relacionada à justiça está programada para aflorar em algum momento. Isso não se refere necessariamente a casos jurídicos, o que seria algo genérico, mas a uma situação em que a pessoa que tem Carma 8 se vê na condição de fazer justiça ou deixar ocorrer uma injustiça — seja por poder adquirido, seja como testemunha ou cúmplice de algo. É preciso encarar a necessidade de lidar com dinheiro em grande escala e de maneira competente.

Carma 9 — Um tobogã de altos e baixos, de imprevistos e explosões de temperamento é o quadro vislumbrado para quem tem este carma. Devem aproveitar sua flexibilidade e versatilidade para adaptar-se às mudanças em vez de desprenderem uma enorme energia para tentar direcionar de acordo com seus desejos uma situação que poderia ser mais bem aproveitada se fosse vivenciada "ao natural", sem pressões de mudança.

Carma 11 — Dependendo dos números da personalidade, este carma pode ser difícil ou fluente. Para aqueles que aceitam certo isolamento e incompreensão por parte das outras pessoas e não renunciam a seu ponto de vista quando estão convictos de seus princípios, é relativamente fácil aproveitar os melhores influxos de 11. Mas, para quem quer se enquadrar em algum grupo, é difícil manter-se coerente e feliz ao mesmo tempo.

Carma 22 — Amplos bloqueios, maiores do que os encontrados no Carma 4, estão em algum ponto da jornada. Entretanto, as consecuções de 22 são nitidamente maiores e de maior alcance. É preciso dose extra de paciência e dedicação, mas, estando esses elementos presentes, a construção de algo perene é certa.

CAPÍTULO IV

O ANO UNIVERSAL

········ ⇒ ∝ ✛ ∝ ⇐ ········

O Ano Universal é a vibração dominante no período de um ano como um todo. Muitas objeções são levantadas quanto à artificial organização de nosso calendário ocidental cristão, o qual de fato não reflete os eventos cósmicos e não se baseia em nada além dos dogmas de uma sociedade e uma época que ainda perduram.

Essas objeções são, na verdade, relevantes. De fato, não estamos vivendo neste exato momento o ano de 2017, por exemplo: essa data é meramente uma convenção. Além do que, sociedades como as dos árabes e dos judeus utilizam calendários próprios, de acordo com seus dogmas religiosos e convenções sociais. Como então conciliar os cálculos numerológicos — todos eles igualmente artificiais e parciais — dessas sociedades?

Não se pode determinar a exata idade do planeta Terra. Mas, mesmo que fosse possível, seria irrelevante. O que importa na análise numerológica é decifrar os códigos ocultos nos números como símbolos. Se nossa sociedade ocidental aceita que estamos vivendo agora o mês *tal* do ano *tal*, o próprio entendimento e aceitação desses códigos refletem a egrégora que diz respeito ao inconsciente coletivo desta sociedade. Portanto, se a mente grupal entende e repete pelo uso que o número que representa o atual período de doze meses é 2017, é este o número que reflete então o clima e as experiências que se encerram neste período. Tampouco importa que o ano — no que se refere ao "passeio" do Sol pelos doze signos — comece na verdade em março, no signo de Áries, e não em 1º de janeiro. O Ano Universal é um retrato do mundo e da sociedade dentro do período de um ano. Sendo assim, é claro que uma numerologia para a sociedade árabe, por exemplo, deveria necessariamente utilizar os números que essa sociedade aceita como sendo os que representam o ano em questão.

A teoria dos Anos Universais e das vibrações numerológicas tem caráter organizacional. Há hora certa para tudo e qualquer ação pode ser positiva ou negativa dependendo do contexto: os números fornecem o contexto e explicam as diferentes reações para uma mesma ação. Durante o Ano Universal 1, por exemplo, o mundo entra em uma nova fase de nove anos, então tudo o que ocorre nesse período de vigência do arquétipo 1 tende a reverberar (sejam coisas "boas" ou "más"). Então, se estamos no Ano Universal 5, temos de nos reportar ao último Ano Universal 1 para compreendermos os processos em curso: todos eles vêm do Ano Universal 1. Sendo assim, 1999 (1 + 9 + 9 + 9, que soma 28 = 10/1) foi o Ano Universal 1 que deu origem a todos os processos que se desenvolvem em 2003, Ano Universal 5. Portanto, para definir o número do Ano Universal, basta somar os algarismos que compõem o número do ano, como nos exemplos: 2000 = Ano Universal 2; 2001 = Ano Universal 3; 2002 = Ano Universal 4 etc.

Veja agora a relação de cada Ano Universal com cada personalidade.

ANO UNIVERSAL 1

Personalidade 1 — Perfeita ressonância. Vivenciar o Ano Universal de número idêntico ao da personalidade é sempre favorável.

Personalidade 2 — Age como estimulante e cobra atitude dessa personalidade. Pode não ser agradável, mas é necessário.

Personalidade 3 — Bom momento para a pessoa usar seu poder de comunicação e criação. Grande sintonia.

O ANO UNIVERSAL

Personalidade 4 — Pode ser um ano opressivo para essa personalidade, mas é possível transformar a restrição em realização.

Personalidade 5 — Há entendimento entre as vibrações, até porque 5 se adapta a qualquer coisa que não seja restrição.

Personalidade 6 — A indecisão e lentidão típicas do número 5 podem não ter muito espaço durante um Ano Universal 1.

Personalidade 7 — Momento para essa personalidade se concentrar em trazer projetos à tona e sair da toca.

Personalidade 8 — A ambição de 8 é dinamizada e a chance de concretizar interesses é grande, já que o terreno é fértil.

Personalidade 9 — A pessoa sente que há retorno para suas investidas neste período. O vento sopra a favor.

Personalidade 11 — Perfeita ressonância, fluência, atmosfera confortável.

Personalidade 22 — Momento propício a visões de longo alcance.

ANO UNIVERSAL 2

Personalidade 1 — Costuma se sentir prestes a se afogar na lentidão e suavidade de um Ano Universal 2.

Personalidade 2 — Encontra seu momento de recolhimento ao próprio *habitat* após a exposição obrigatória ao arquétipo 1.

Personalidade 3 — A sutileza de um período 2 pode irritar um pouco essa personalidade.

Personalidade 4 — A pessoa torna-se mais sensível, o que pode harmonizar a excessiva rigidez de 4.

Personalidade 5 — Sente sua sensualidade e sua percepção aumentarem tremendamente. Fica mais emotivo.

Personalidade 6 — Já muito romântica, a pessoa fica ainda mais sentimental e vulnerável às paixões.

INICIAÇÃO À NUMEROLOGIA

Personalidade 7 — A intuição e a sintonia de 7 ficam ainda mais aguçadas e sua frieza se torna menos aguda.

Personalidade 8 — O clima delicado de 2 pode trazer angústia à personalidade 8, que teme se expor.

Personalidade 9 — Há um grande alívio na ansiedade típica de 9 graças à cadência do Ano Universal 2.

Personalidade 11 — Vibrações aparentadas, que se completam. A personalidade tende a estar menos arrogante durante a passagem de 2.

Personalidade 22 — O excesso de vibrações *yin* pode dissolver as melhores tentativas de 22, que faz melhor em aguardar.

ANO UNIVERSAL 3

Personalidade 1 — Vale-se muito bem do clima de alegria e comunicação de 3 para fazer veicular o que lhe interessa.

Personalidade 2 — Embora não consiga acompanhar o ritmo frenético e irreverente do mundo, não há grandes desacordos.

Personalidade 3 — Momento perfeito para que se espraiem os predicados da pessoa.

Personalidade 4 — Não há muita conexão entre o *tour de force* contínuo de um indivíduo 4 e o momento despojado e lúdico do Ano Universal 3.

Personalidade 5 — A combinação é quase perfeita, o ambiente é estimulante para a curiosidade de 5.

Personalidade 6 — É intrínseca a harmonia entre números trinos como 3, 6 e 9.

Personalidade 7 — A atmosfera criativa do período impulsiona as divagações e os estudos da personalidade 7.

Personalidade 8 — A fertilidade de ideias ao redor de 8 faz com que seus planos e esquemas se desenvolvam com mais fluência.

Personalidade 9 — Assim como ocorre com o número 6, também 9 tem parentesco com 3, o que facilita tudo.

Personalidade 11 — Harmonização viável, embora 11 não corresponda à popularidade de 3.

Personalidade 22 — O ambiente é favorável para que a personalidade se torne mais forte e expressiva.

ANO UNIVERSAL 4

Personalidade 1 — O ambiente é restritivo demais para o tipo 1, mas é bom que este conheça também algumas noções de limite e ordem.

Personalidade 2 — Não há nenhum problema nesta combinação entre um tipo 2 e o ambiente 4.

Personalidade 3 — Desarmonia. Gente com espírito de cigarra não se adapta a um ambiente de formigas, mas pode aprender a se organizar melhor.

Personalidade 4 — A perfeita atmosfera de rigidez e trabalho insistente é confortável para entusiastas da produção como essas pessoas.

Personalidade 5 — É muito difícil para alguém de temperamento tão libertário viver sob as regras do Ano Universal 4.

Personalidade 6 — É uma fase de aridez para a natureza calorosa de 6.

Personalidade 7 — É fácil para o metódico 7 adaptar-se ao rigor de uma fase do tipo 4, se bem que o clima fabril não é o que sonha o intelectualizado 7.

Personalidade 8 — Excelente período para que a personalidade firme as bases de suas ambições.

Personalidade 9 — Apesar de serem pessoas tolerantes, a estreiteza de opções e a falta de grandes surpresas ou mudanças não é o que personalidades 9 realmente buscam.

INICIAÇÃO À NUMEROLOGIA

Personalidade 11 — Boa oportunidade para que o avanço e a visão de 11 voltem seu foco para o mundo terreno e concreto.

Personalidade 22 — Período de realizações e serviços para que essas pessoas tão preocupadas canalizem seus objetivos.

ANO UNIVERSAL 5

Personalidade 1 — Grande momento para essa pessoa usar sua capacidade de influenciar e conquistar.

Personalidade 2 — Favorável para que a pessoa fique mais solta, mais ousada e menos insegura.

Personalidade 3 — Fase bastante agradável para a pessoa, que tende a encontrar aventuras e surpresas que estimulam sua criatividade.

Personalidade 4 — É duro para quem busca estabilidade a todo preço lidar com altos e baixos.

Personalidade 5 — É como juntar a fome a vontade de comer, estimulando os melhores e os piores aspectos do arquétipo.

Personalidade 6 — Boa oportunidade para que essas pessoas sejam menos apegadas e ciumentas.

Personalidade 7 — A curiosidade intelectual da pessoa se torna ainda mais aguçada e as surpresas são encaradas com interesse analítico.

Personalidade 8 — A tendência programática e pragmática da pessoa é desafiada por imprevistos, exceções e incertezas.

Personalidade 9 — Sintonia simples entre a pessoa e o momento da sociedade.

Personalidade 11 — Como são pessoas que encaram tudo que não seja restritivo com naturalidade, devem fluir bem por essa fase.

Personalidade 22 — Tende a sentir mais facilidade em aceitar as mudanças de que tanto precisa e as quais tanto teme.

146

ANO UNIVERSAL 6

Personalidade 1 — Pode aproveitar o momento para consolidar ou conquistar a liderança em seu meio social e/ou familiar.

Personalidade 2 — É fácil para essa pessoa vivenciar a carga emocional desse Ano Universal.

Personalidade 3 — O mundo está mais propenso a esforços diplomáticos e sociais. O clima de entendimento e comunicação favorece o arquétipo 3.

Personalidade 4 — A pessoa tão circunspecta e pragmática de tipo 4 se encaixa bem no clima tradicional e caloroso do Ano Universal 6.

Personalidade 5 — Falta harmonia e a sensação de deslocamento é grande, mas a pessoa pode aprender a se estabilizar um pouco mais nessa fase.

Personalidade 6 — Combinação positiva, muito embora possa haver exagero de ciúme ou mesmo certa hipocrisia.

Personalidade 7 — Busca objetividade, clareza de pensamento, sofisticação intelectual e espiritual, mas o mundo vive um clima sentimental e conservador.

Personalidade 8 — Ambos os arquétipos favorecem a solidez, a família, as instituições, tendendo a favorecer-se.

Personalidade 9 — Momento em que a pessoa pode equilibrar mais facilmente sua natural ansiedade.

Personalidade 11 — Esse período facilita a ascensão do lado mais puramente espiritualizado de 11.

Personalidade 22 — Período propício para a realização de tudo aquilo que interessa à pessoa de tipo 22.

ANO UNIVERSAL 7

Personalidade 1 — O ritmo coletivo se mostra compatível com a necessidade de individualização.

Personalidade 2 — O ambiente mais lento e cinzento favorece as qualidades introspectivas dessa personalidade.

Personalidade 3 — Combinação de ambiente sério e personalidade criativa, facilitando a organização das ideias.

Personalidade 4 — Perfeito encontro entre ambiente e indivíduo, grandes chances intelectuais.

Personalidade 5 — Momento em que essa personalidade encontra um mundo mais rigoroso e crítico do que gostaria.

Personalidade 6 — O ambiente não é de emotividade e o sentimentalismo dessa personalidade se ressente disso.

Personalidade 7 — Perfeita ressonância entre ambiente e indivíduo.

Personalidade 8 — A ambição da pessoa se vê condicionada à paciência e à sabedoria, e não à ousadia e à capacidade de conquista que lhe são naturais.

Personalidade 9 — A pressa dessa personalidade tem de arrefecer para acompanhar o ritmo contemplativo do mundo.

Personalidade 11 — Ótimo potencial devido aos pontos em comum entre os símbolos numéricos.

Personalidade 22 — Ano Universal favorecendo a personalidade.

ANO UNIVERSAL 8

Personalidade 1 — Encontro entre indivíduo e ambiente: o furor de 1 encontra eco em um ambiente que favorece a ambição, mas também a justiça.

Personalidade 2 — O caráter colaborador de 2 encontra sua função no *tour de force* promovido pelo Ano Universal 8.

Personalidade 3 — O momento pede mais senso de economia e disciplina do que as personalidades 3 normalmente podem/querem dar.

Personalidade 4 — Perfeita harmonia entre ambiente e indivíduo.

Personalidade 5 — Boa fase para a pessoa alcançar suas ambições, mas seu comportamento deve ser menos impulsivo do que o normal.

Personalidade 6 — A sociedade busca fortalecer sua economia e seus baluartes, e essa personalidade logo se encaixa na engrenagem conservadora.

Personalidade 7 — O ambiente pode parecer um pouco ríspido e rústico demais para a sutileza inquiridora de 7.

Personalidade 8 — Como ocorre com os outros números, a repetição de números de personalidade e Ano Universal é geralmente favorável e benéfica.

Personalidade 9 — O mundo está ainda um passo atrás dessa personalidade.

Personalidade 11 — A sociedade está requerendo objetividade, e não dissertações, o que é uma faca de dois gumes para essa personalidade.

Personalidade 22 — Favorável ao estabelecimento dos objetivos.

ANO UNIVERSAL 9

Personalidade 1 — Excelente para a expansão dessa pessoa. A sociedade se encontra ansiosa por tipos empreendedores como essa personalidade.

Personalidade 2 — A rapidez e urgência do ambiente 9 não são o sonho dessa pessoa, mas são inevitáveis.

Personalidade 3 — O parentesco entre os arquétipos numéricos facilita tudo.

Personalidade 4 — O mundo pede avanços, progressos e aceleração, coisas que a personalidade 4 reluta em assumir.

Personalidade 5 — Perfeita combinação entre arquétipos de mudança, novidade e reviravoltas.

Personalidade 6 — O mundo e a sociedade têm muito a ganhar com essas pessoas de temperamento coletivista e sociável.

Personalidade 7 — Embora as coisas estejam andando num ritmo excessivamente veloz para uma personalidade 7, esta tende a se adaptar.

Personalidade 8 — A rapidez do ambiente e dos acontecimentos pode aumentar a tensão de 8, mas este também tende a se adaptar ao longo do período.

Personalidade 9 — Combinação confortável e favorável.

Personalidade 11 — Harmonia: o ambiente 9 é receptivo a todo tipo de personalidade.

Personalidade 22 — Potencial de realização de amplas ambições.

ANO UNIVERSAL 11

Personalidade 1 — Boa chance para que a pessoa se expresse e se destaque em seu ambiente.

Personalidade 2 — Tendência a fortalecer as melhores qualidades de 2, devido ao parentesco implícito entre os arquétipos.

Personalidade 3 — Pessoa que normalmente se expressa com facilidade se sentindo incompreendida.

Personalidade 4 — Pessoa prática demais para assimilar totalmente as intrincadas sutilezas e particularidades do período.

Personalidade 5 — Harmonia, apesar de a pessoa não assimilar totalmente o clima misterioso e intrigante do período.

Personalidade 6 — Os valores estão em mudança na sociedade que cerca essa personalidade, o que a confunde.

Personalidade 7 — A pessoa de tipo 7 observa esse período com curiosidade e interesse.

Personalidade 8 — Período interessante para grandes passos e crescimento pessoal da personalidade 8.

Personalidade 9 — Grande compatibilidade: essa personalidade costuma aproveitar as peculiaridades desse período com destreza.

Personalidade 11 — Naturalmente, a personalidade que mais se vale desse Ano Universal.

Personalidade 22 — Período propício para o crescimento espiritual.

ANO UNIVERSAL 22

Personalidade 1 — Fase em que a pessoa encontra mais ressonância para sua megalomania, apesar dos bloqueios e restrições. Ambíguo.

Personalidade 2 — Período confortável para a pessoa, cujas qualidades de colaboração são necessárias para alguma reconstrução social.

Personalidade 3 — Talvez o mundo esteja sério demais para o humor dessa pessoa, mas sua criatividade e boa disposição tendem a ser reconhecidas.

Personalidade 4 — Boa chance para o indivíduo crescer espiritual e socialmente.

Personalidade 5 — A pessoa encontra uma boa oportunidade de ter mais estabilidade sem trair seu caráter libertário.

Personalidade 6 — O caráter social, caridoso e compassivo de 6 encontra ressonância nesse período.

Personalidade 7 — Harmonia entre arquétipos ligados à espiritualidade e ao serviço crítico.

Personalidade 8 — Excelente fase para espraiar mais o senso de justiça e o alcance de suas ambições.

Personalidade 9 — Afinidade.

Personalidade 11 — O indivíduo sente-se mais aceito socialmente nesse Ano Universal.

Personalidade 22 — Perfeita harmonia.

CAPÍTULO V
O MAPA NUMEROLÓGICO ANUAL

Agora vamos estudar o mapa numerológico anual, um acompanhamento que se faz uma vez ao ano.

O ANO PESSOAL

Enquanto o Ano Universal[28] representa a vibração para o planeta como um todo, o Ano Pessoal refere-se a indivíduos. Todos nós passamos por ciclos de nove anos com símbolos numéricos que mostram as tendências e a melhor oportunidade para realizar as coisas com retorno garantido. A harmonia ou desarmonia do seu Ano Pessoal com o Ano Universal, como vimos, não deve ser desconsiderada, mas também não devemos esquecer que cada ser humano gravita em sua própria órbita. E, de mais a mais, com maior ou menor esforço, é sempre possível extrair um *magnum opus*, um produto valioso, de qualquer combinação — é tudo uma questão de combinação e de criatividade, ou seja, de alquimia.

O conhecimento do Ano Pessoal permite um planejamento de ações e torna possível a harmonização da pessoa consigo própria e com os outros. É como o agricultor que sabe as estações corretas para o plantio de cada produto: por mais que seja possível plantar uma fruta fora de época, o resultado como produto será mais caro e de qualidade inferior àquele colhido em sua época própria. Conhecer o

---

28. O Ano Universal é o resultado da soma entre os algarismos de certo ano. Por exemplo, 2003 = 2 + 0 + 0 + 3 = 5.

INICIAÇÃO À NUMEROLOGIA

Ano Pessoal é como conhecer o efeito das estações na própria vida. Por exemplo, uma pessoa que quiser iniciar um projeto de relevância, algo que queira ver crescer e frutificar, e não algo corriqueiro, não deve começar tal projeto em anos de número par; mais especificamente, deve buscar um Ano Pessoal 1.

Vejamos agora o que traz cada Ano Pessoal.

Ano Pessoal 1 — INICIATIVA

Os Anos Pessoais evoluem em círculos, sendo o Ano Universal 1 o início da jornada, o momento de plantar as sementes que irão germinar por mais oito anos, que se fecham no Ano Universal 9. Por isso, é importante gerenciar bem o tempo e as ações e dar conta de tudo pessoalmente — não é o momento de delegar poderes ou ações, e sim de centralizar e segurar as rédeas de tudo aquilo que diga respeito aos seus mais caros interesses. Deve-se agir, não esperar. Claro que a ideia não é ser ansioso ou impaciente, mas é importante saber que chegou a hora de plantar todas as sementes, iniciar todos os projetos. Não se permita ceder à preguiça. Siga seus instintos, não escute o que as pessoas dizem; prefira escutar a si mesmo. As coisas tendem a ser mais fáceis nesse ano, há receptividade e oportunidades florescem.

Ano Pessoal 1 / Personalidade 1 — Qualidades de liderança tornam a pessoa ainda mais intrépida, mas também mais autoritária.

Ano Pessoal 1 / Personalidade 2 — Momento de estimular o lado *yang* e desbravar caminhos, por mais difícil que seja.

Ano Pessoal 1 / Personalidade 3 — Oportunidade de desempenhar seu papel social com grande desenvoltura.

Ano Pessoal 1 / Personalidade 4 — Essa personalidade organizada tem a chance de plantar as sementes desejadas de maneira bastante efetiva.

Ano Pessoal 1 / Personalidade 5 — O jeito desinibido de 5 ajuda a conseguir a atenção desejada por 1, mas a falta de foco de 5 pode diminuir o impacto.

Ano Pessoal 1 / Personalidade 6 — A (às vezes falsa) modéstia de 6 deve ser posta de lado para que essa personalidade assuma o papel de destaque fundamental para seu crescimento.

Ano Pessoal 1 / Personalidade 7 — Não é difícil para a pessoa assumir o leme do navio nem tomar decisões.

Ano Pessoal 1 / Personalidade 8 — Evite que algum moralismo diminua o alcance de suas ações, que são decisivas para os próximos oito anos.

Ano Pessoal 1 / Personalidade 9 — A ansiedade natural de 9 é combustível para as tarefas típicas do Ano 1, mas é bom ter cuidado para não errar na dose de energia.

Ano Pessoal 1 / Personalidade 11 — A vaidade da pessoa encontra um bom momento para se expandir e iniciar os projetos e planos desejados.

Ano Pessoal 1 / Personalidade 22 — O único fator perigoso para a pessoa nesse período é perder o foco de si mesma em favor do mundo — não é o momento.

Ano Pessoal 2 — COOPERAÇÃO

Momento de passar para os bastidores, repartir o comando, aceitar o ciclo natural das coisas, deixar maturar as ideias. É bom esperar as coisas se desenvolverem, dar tempo ao tempo, assimilar e acompanhar o ritmo lento dos acontecimentos e da vida. Receptividade é um estado de espírito necessário para que se viva bem esse ano. Aproveite para meditar, descansar quando necessário — o que não significa férias, apenas repor as energias entre uma tarefa e outra. Não é o momento de ficar só, e existe a probabilidade de se apaixonar, se afeiçoar, ou mesmo de entrar em uma fase mais romântica com um parceiro já estabelecido. Mas cuidado para não ficar sensível demais e se deixar levar cegamente pelas emoções, correndo o risco de destruir as sementes plantadas por excesso de água, inundação. Evite rupturas, busque a união.

Ano Pessoal 2 / Personalidade 1 — É difícil para essa pessoa lidar com sua sede de comando e ação num momento de reclusão. Um romance pode servir de válvula de escape.

INICIAÇÃO À NUMEROLOGIA

Ano Pessoal 2 / Personalidade 2 — A pessoa se sente confortável, mas seu sentimentalismo aumenta perigosamente.

Ano Pessoal 2 / Personalidade 3 — Essa personalidade *yang* e expansiva pode ter dificuldade de conter seus ímpetos durante esse ano, o que torna ainda mais necessário o autocontrole.

Ano Pessoal 2 / Personalidade 4 — A paciência natural da pessoa ajuda a extrair o melhor dessa fase contemplativa, sem resvalar para a pieguice.

Ano Pessoal 2 / Personalidade 5 — O ritmo contemplativo do ano não agrada muito, mas a libido e a sensibilidade se acentuam.

Ano Pessoal 2 / Personalidade 6 — Foco nos assuntos afetivos, mas sem abandonar os demais setores da vida.

Ano Pessoal 2 / Personalidade 7 — Intuição e capacidade analítica. É possível se manter em espera e reclusão, sem renunciar à introspecção.

Ano Pessoal 2 / Personalidade 8 — A típica tendência a bloquear as emoções pode ser aliviada nesse ano — mesmo que a contragosto.

Ano Pessoal 2 / Personalidade 9 — Até pessoas resolutas e inquietas como essas precisam respirar fundo em algum momento, desacelerar e dar tempo ao tempo.

Ano Pessoal 2 / Personalidade 11 — Intuição e visão de longo alcance sendo complementadas com uma dose de humildade e modéstia.

Ano Pessoal 2 / Personalidade 22 — A pessoa tende a se doar a uma causa, a alguém, num processo de dissolução do ego.

Ano Pessoal 3 — EXPRESSÃO

Nesse ano, é preciso comunicar ao mundo a que se veio, o que se deseja, fazer publicidade de si mesmo e de seus projetos e intenções, usar a criatividade, anotar e aproveitar cada ideia que venha à cabeça. É um momento de nascimento, quando os primeiros frutos do que foi plantado no Ano 1 e desenvolvido no Ano 2 começam a aparecer,

O MAPA NUMEROLÓGICO ANUAL

animando a pessoa a continuar batalhando pelos seus objetivos. Fase de otimismo, de buscar sempre o sorriso e a alegria como armas. Procure ver o mundo com olhos de primeira vez, de criança, para que dele possa extrair as melhores possibilidades. Aliás, a imprudência infantil aparece como maior fator negativo do período, ao lado da tendência a falar demais e se ver envolvido em informações truncadas ou fofocas. Não poupe encontros com amigos, pois de situações sociais pode surgir espontaneamente alguma conexão importante no esquema dos próximos anos. Imagem, contato e propaganda são os pilares de sustentação de sonhos e ideias nesse ano. Evite se dispersar em funções demais, mas aproveite sua boa disposição para realizar o máximo possível de maneira saudável.

Ano Pessoal 3 / Personalidade 1 — A vaidade e a capacidade natural de se expressar aumentam. É melhor evitar uma abordagem muito dura.

Ano Pessoal 3 / Personalidade 2 — Naturalmente tímida, a pessoa deve se esforçar para corresponder às necessidades de divulgação e exposição do ano.

Ano Pessoal 3 / Personalidade 3 — Perfeita integração entre as vibrações da personalidade e do momento pessoal.

Ano Pessoal 3 / Personalidade 4 — É difícil para essa personalidade se desconcentrar de seus afazeres e descontrair um pouco, mas é necessário.

Ano Pessoal 3 / Personalidade 5 — Combinação favorável que tende a ressaltar os melhores aspectos da personalidade por meio de um ambiente receptivo.

Ano Pessoal 3 / Personalidade 6 — Também esse encontro favorece a pessoa, cuja personalidade diplomática encontra bons meios de contato.

Ano Pessoal 3 / Personalidade 7 — A natureza crítica e intelectual da pessoa fica mais exposta nessa fase, mas depende dela se fazer reconhecida.

Ano Pessoal 3 / Personalidade 8 — A natural tensão da personalidade tende a arrefecer sob a influência iluminadora do Ano Pessoal 3.

INICIAÇÃO À NUMEROLOGIA

Ano Pessoal 3 / Personalidade 9 — Fina sintonia entre a pessoa, seus desejos e aquilo que ela naturalmente encontra durante a fase de doze meses.

Ano Pessoal 3 / Personalidade 11 — A típica dificuldade dessa pessoa de se comunicar com as massas precisa ser trabalhada, e esse é o momento propício de buscar clareza.

Ano Pessoal 3 / Personalidade 22 — A tendência da pessoa a querer carregar o mundo nas costas deve ser desestimulada durante esse ano.

Ano Pessoal 4 — TRABALHO

Depois dos encontros, da camaradagem e dos planos criativos sobre os frutos do esforço inicial, agora é o momento de trabalhar bastante para fortificar, estimular, construir os fundamentos, a estabilidade, a base de tudo. Momento crítico, de rigor consigo mesmo e com os que o cercam. Nada de perder tempo com amenidades ou conversa fiada; o negócio é ir direto ao assunto e ter método, planejamento, disciplina.

Entre a diversão e o dever, opte pelo dever. Há uma frustração natural ao enfrentar a dureza desse período, mas dentro de um contexto mais amplo todo esforço laborioso e bem direcionado será recompensado. Quando a pressão for muito intensa, é melhor pensar no ano seguinte, que trará momentos de descanso. Mas não se deve cometer o erro de exagerar na dose — trabalho árduo, sim, mas o estresse pode gerar problemas de saúde. Devem-se evitar mudanças. Não é o melhor momento para viagens significativas; o movimento deve ser todo no sentido de estabilizar, solidificar, confirmar. Fase voltada para assuntos relacionados a casa, construção, reformas e para ocupar-se de todas as coisas maçantes, mas necessárias, lidar com burocracia, acertar pendências de saúde, econômicas etc. É recomendável economizar.

Ano Pessoal 4 / Personalidade 1 — Pode ser bem frustrante para a natureza expansionista de 1 viver uma fase de tão previsível e necessária restrição.

Ano Pessoal 4 / Personalidade 2 — Capacidade de suportar as obrigações e o trabalho duro do período.

O MAPA NUMEROLÓGICO ANUAL

Ano Pessoal 4 / Personalidade 3 — Essa pessoa tende a sofrer um pouco com as restrições e limitações.

Ano Pessoal 4 / Personalidade 4 — Ótima combinação, mas, se por um lado a pessoa estará mais firme, por outro estará mais intolerante, inclusive consigo mesma.

Ano Pessoal 4 / Personalidade 5 — É muito difícil para a pessoa aceitar os bloqueios do período, mas é importante que aprenda a tirar proveito de fases como essa.

Ano Pessoal 4 / Personalidade 6 — Durante esse ano, a pessoa pode usar seu natural equilíbrio para trazer um pouco de ar fresco a um ambiente saturado de trabalho.

Ano Pessoal 4 / Personalidade 7 — Embora a pessoa goste de alçar voos mentais que não se encaixam nesse ano, há grandes chances de usar bem o período para resolver problemas.

Ano Pessoal 4 / Personalidade 8 — A enorme ambição da pessoa tem de ser direcionada, para que a frustração não a impeça de construir as bases do que será desenvolvido.

Ano Pessoal 4 / Personalidade 9 — A pessoa deve tentar controlar ao máximo seus ímpetos, pois não é hora de rompantes.

Ano Pessoal 4 / Personalidade 11 — Momento de encarar as restrições e a rotina do dia a dia como parte de um mistério, tanto quanto as idiossincrasias de sua preferência.

Ano Pessoal 4 / Personalidade 22 — A pessoa gosta de se fazer passar por mais um na multidão enquanto realiza seu trabalho cotidiano e mesmo assim grandioso.

Ano Pessoal 5 — LIBERDADE

Após todo o cansaço e esforços do ano anterior, o Ano Pessoal 5 traz uma fase de férias, libertação, mudanças. Todo mundo tem direito de ser um pouquinho irresponsável e inconsequente de vez em quando, e o momento é esse. É aconselhável deixar o barco correr sem planejar a rota, liberar os instintos, experimentar coisas diferentes. Nada deve ser predefinido, pois surpresa é a tônica do ano e tudo aquilo que for determinado pode sofrer alterações imprevistas e súbitas. A libido está em alta nesse ano e relações baseadas na atração sexual são frequentes, podendo prolongar-se ou não. Romances estáveis estão sujeitos a "pularem a cerca" e o clima de sedução se espalha pelo ambiente de trabalho, entre outros.

Aliás, o trabalho, como todos os outros setores, tende a passar por mudanças súbitas, muitas vezes assustando com transformações aziagas, para logo depois alcançar as alturas dos sonhos. Não pense no que passou, não exagere na inconsequência, mas permita-se correr certos riscos. Movimente o físico — esse período pede flexibilidade e senso esportivo. Também tenha em mente que esse é o momento de mudar o rumo daquilo que não o esteja satisfazendo. Se tiver de mudar de ideia ou de plano, mude de uma vez.

Viagens são mais do que indicadas: são necessárias. Aprenda outro idioma, entre em contato com pessoas de outros países, mas, sobretudo, faça as malas, nem que seja para outra cidade, outro estado; mude de ares, isso fará muito bem. Estimule e satisfaça sua curiosidade, ela estará no auge. Período de expansão, no qual você não deve aceitar negativas nem limites.

Ano Pessoal 5 / Personalidade 1 — A pessoa já gosta de modificar e dar rumo a tudo, mas nesse ano convém deixar a maré levar as coisas ao seu sabor.

Ano Pessoal 5 / Personalidade 2 — É necessário pulso e segurança para seguir os imprevistos e mudanças, sem, contudo, perder o foco.

Ano Pessoal 5 / Personalidade 3 — Boa combinação. A pessoa tende a fazer novos amigos e a divertir-se muito com o clima de férias prolongadas.

Ano Pessoal 5 / Personalidade 4 — É difícil para essa pessoa se soltar, mas eis que esse ano essa árdua tarefa se torna menos difícil.

Ano Pessoal 5 / Personalidade 5 — Um período como esse é tudo que essa pessoa mais deseja, mas o exagero de permissividade pode levar à autoindulgência.

Ano Pessoal 5 / Personalidade 6 — É preciso abrir a mente aos influxos incertos e aventureiros do ano, por mais complicado que seja para essa personalidade conservadora.

Ano Pessoal 5 / Personalidade 7 — Fase em que o introspectivo 7 deve sair da toca, correr certos riscos e viver aventuras que renovarão suas análises e conjecturas.

Ano Pessoal 5 / Personalidade 8 — A melhor maneira de lucrar e crescer é aproveitar o acaso sem forçar situações.

Ano Pessoal 5 / Personalidade 9 — Equilíbrio entre a natureza da personalidade e a necessidade do momento.

Ano Pessoal 5 / Personalidade 11 — A pessoa já gosta de chocar, e o período facilita, trazendo-lhe pessoas e situações ávidas por tipos singulares e originais.

Ano Pessoal 5 / Personalidade 22 — Até essa pessoa, tão dada a carregar a culpa e a responsabilidade do mundo nas costas, precisa se permitir um pouco de inconsequência de vez em quando.

Ano Pessoal 6 — HARMONIA

Momento de firmar as conexões e dar toda atenção aos afetos e à família. Há uma tendência natural de querer estar presente, sentir-se parte das questões de outras pessoas, querer "fazer o bem". Isso pode ser ótimo, mas, como tudo, deve ser dosado. Se o indivíduo busca "ajudar" aqueles que não podem, não devem ou mesmo não querem ser ajudados, está infringindo uma regra básica do saudável convívio entre almas: só preste ajuda caso haja por parte da pessoa uma solicitação explícita e caso você sinta vontade de fazê-lo. Não ajude ou faça caridade sem sentir uma real vontade disso, apenas para satisfazer os olhos compridos da sociedade ou fazer publicidade de seu

INICIAÇÃO À NUMEROLOGIA

suposto bom caráter. Muitas vezes, na ânsia de serem úteis, as pessoas acabam se excedendo durante o Ano Pessoal 6 e levam "foras", ou se veem envolvidas em dramas emocionais que absolutamente não lhes dizem respeito.

A atmosfera passional pode convidar a pessoa a se colocar no papel de vítima, o que pode ser amenizado direcionando-se essa sensação para os outros e procurando efetivamente ajudar quem precisa, em uma situação em que haja espontaneidade e identificação entre ajudado e quem presta ajuda.

O ano é propício para casamentos e aumento de prole. As finanças estão equilibradas, até porque não há grandes arroubos de ousadia — logicamente, aqueles que tendem a gastos extravagantes devem estar cônscios do perigo que isso representa nesse ano: bancarrota. Não se comporte de maneira instável num período em que equilíbrio é a moeda corrente. E não se esqueça de que emoções em polvorosa, sejam de felicidade ou de pesar, podem romper o delicado equilíbrio da saúde física.

Ano Pessoal 6 / Personalidade 1 — É o momento de gerenciar não só as próprias ambições, mas sobretudo o núcleo familiar. Deve-se evitar imiscuir-se em negócios alheios.

Ano Pessoal 6 / Personalidade 2 — Aqui a tendência a querer resolver os problemas de todo mundo é flagrante, mas não se deve ajudar sem ser solicitado.

Ano Pessoal 6 / Personalidade 3 — Presença de gente jovem e de crianças. A alegria e o bom humor são ressaltados. Bons momentos de companheirismo e novas amizades.

Ano Pessoal 6 / Personalidade 4 — A estabilidade e o conservadorismo de 4 combinam bem com responsabilidades, embora desfavoreçam a compreensão das vulnerabilidades emocionais.

Ano Pessoal 6 / Personalidade 5 — Essa pessoa, normalmente avessa a responsabilidades, deve agora se controlar e encarar seus compromissos com maturidade.

162

Ano Pessoal 6 / Personalidade 6 — Como sempre, a conjunção de iguais é favorável até certo ponto. Há risco de sentimentalismo barato, intromissão na vida alheia e ciúme.

Ano Pessoal 6 / Personalidade 7 — Avessa a expor suas emoções, essa personalidade tem uma boa chance de mostrar que não é tão fria quanto parece.

Ano Pessoal 6 / Personalidade 8 — Ótimo momento para a pessoa vivenciar suas emoções mais profundas, sem perder sua tão bem-amada estabilidade e seu equilíbrio.

Ano Pessoal 6 / Personalidade 9 — O amor humanitário da pessoa se torna mais intenso e com maiores chances de encontrar um canal útil na sociedade e principalmente na família.

Ano Pessoal 6 / Personalidade 11 — Um dos momentos mais cruciais e difíceis para essa pessoa, cuja personalidade extremista resiste ao equilíbrio do período.

Ano Pessoal 6 / Personalidade 22 — Momento de construção, quando a pessoa canaliza sua capacidade de expressão e serviço para a comunidade e para a família.

Ano Pessoal 7 — ANÁLISE

O ritmo, que já vinha caindo do Ano Pessoal 5 para o Ano Pessoal 6, agora realmente se torna bastante lento, favorecendo um estado de espírito contemplativo, estudioso, analítico. Durante o Ano Pessoal 7, devemos parar para repensar tudo o que viemos fazendo, com olhar crítico e definido. Claro que pessoas já naturalmente severas em suas percepções devem evitar a crueldade consigo próprias e com os outros durante esse ano, mas de maneira geral é positivo ver as coisas com certo ceticismo — apesar de esse ser o momento também propício à manifestação da espiritualidade. Contudo, ao contrário do ano anterior, quando o arquétipo 6 leva a religião a ser antes uma coisa coletiva e um elo social do que uma verdadeira descoberta espiritual, durante

INICIAÇÃO À NUMEROLOGIA

o Ano Pessoal 7 a solidão voluntária ou involuntária que se apresenta facilita deveras o contato com o próprio âmago, o que é o objetivo último de toda verdadeira religião: o religar, reconectar.

É uma fase em que a solidão, se mal digerida ou não aceita, pode causar um estado de espírito bastante melancólico É besteira cair nessa armadilha: a solidão é fundamental para fecharmos para balanço, compreendermos melhor nossas atitudes e silenciarmos um pouco a mente. Por mais social que a pessoa seja, esse período de reclusão é natural e saudável e deve ser cultivado por um período de um ano, a cada nove anos. Logicamente, haverá meses, como veremos mais adiante, em que certa atividade social ou diversão inconsequente estará presente, mas serão pontos isolados na totalidade de um período de doze meses no qual a tônica é voltar-se para dentro de si mesmo. A saúde tende a manifestar problemas crônicos, que por mais desconfortáveis que sejam funcionam como um farol para chamar atenção para problemas emergentes, contra os quais a prevenção é uma necessidade. Em termos materiais e financeiros, evite correr quaisquer riscos e protele decisões ao máximo, já que não é um período para mexer mais do que o essencial nessa área. Todos os estudos, pesquisas, mergulhos intelectuais e artísticos são recomendáveis.

Ano Pessoal 7 / Personalidade 1 — Período geralmente favorável, no qual o indivíduo relaxa de sua postura centralizadora, sem, contudo, de fato abandoná-la.

Ano Pessoal 7 / Personalidade 2 — Combinação perfeita que faz a pessoa ter mais ousadia que o normal, já que as qualidades requeridas são discrição e sensibilidade para sutilezas.

Ano Pessoal 7 / Personalidade 3 — As artes são favorecidas, mas a comunicação deve ser menos espalhafatosa do que o normal para essas personalidades.

Ano Pessoal 7 / Personalidade 4 — Momento em que a pessoa encara uma de suas maiores dificuldades, ou seja, expandir seu universo mental e intelectual.

O MAPA NUMEROLÓGICO ANUAL

Ano Pessoal 7 / Personalidade 5 — A pessoa se ressente dos períodos de isolamento e não tem paciência para estudos e meditações, mesmo assim é preciso desacelerar e pensar.

Ano Pessoal 7 / Personalidade 6 — Momento perfeito para a pessoa aprender a ser mais técnica e menos passional.

Ano Pessoal 7 / Personalidade 7 — Como sempre, a combinação entre indivíduo e ambiente enfatiza o melhor e o pior do arquétipo do número.

Ano Pessoal 7 / Personalidade 8 — Os planos materialistas da pessoa encontram seu momento de formação e planejamento.

Ano Pessoal 7 / Personalidade 9 — É difícil para essa pessoa tão inquieta parar um pouco para analisar e contemplar, mas isso será indispensável.

Ano Pessoal 7 / Personalidade 11 — O fator espiritual encontra pleno campo de expansão, o que deve inspirar para crescer, mas é aconselhável ter cautela com o fanatismo ideológico.

Ano Pessoal 7 / Personalidade 22 — Também muito favorável para a espiritualidade, com menor risco de delírio religioso, mas é aconselhável evitar o excesso de rigor e crítica.

Ano Pessoal 8 — RESULTADOS

Agora a pessoa colhe os resultados do trabalho que vem sendo realizado ao longo do ciclo de nove anos. Naturalmente, o resultado será reflexo do investimento realizado, por isso para alguns esse ano seria o ano do "acerto cármico". Mas carma não é uma punição, e sim o resultado do processo de causa e efeito. Além disso, o carma em si, como débito e/ou crédito, é analisado em seu próprio âmbito mais à frente neste livro. Esse é, na verdade, um período de tudo ou nada, durante o qual se consegue a glória batalhada ou a tão temida bancarrota.

Sensatez é imprescindível, mas a ousadia combinada com a prudência sempre foi a fórmula dos grandes negociantes, bem como modelo e exemplo para a missão necessária ao Ano Pessoal 8: faça tudo

INICIAÇÃO À NUMEROLOGIA

com jeito de negócios, como diria Aleister Crowley, encare os negócios como um jogo espiritual, já que é necessário primeiro vencer o naipe de Ouros, os desafios da terra, o relacionamento com os gnomos, para então poder ascender aos outros planos, mais elevados.

A justiça virá de maneira imparcial, como mero resultado de seus esforços: se você se aplicou na luta por seus objetivos, certamente haverá uma recompensa e um resultado disso. Contudo, se você foi negligente ou preguiçoso, a fatura incluirá tais posturas. Essa orientação vale para todas as áreas, incluindo a afetiva — que, embora não seja o foco do período, não deve ser negligenciada.

Ano Pessoal 8 / Personalidade 1 — Momento de grande prazer, caso a pessoa tenha merecido as glórias. Do contrário, a frustração pode dar lugar à raiva.

Ano Pessoal 8 / Personalidade 2 — A pessoa gosta de dividir tudo, então lhe é difícil encarar o resultado de suas próprias ações individuais.

Ano Pessoal 8 / Personalidade 3 — Esse é um dos momentos em que essa personalidade jovial precisa encarar o mundo de maneira mais prática e direta, sem metáforas.

Ano Pessoal 8 / Personalidade 4 — Ótimo momento para a pessoa investir em tudo que quer ver crescer, em todas as áreas, mas especialmente nas finanças e na profissão.

Ano Pessoal 8 / Personalidade 5 — Hora de criar algum tipo de raiz e cuidar dos resultados de suas ações, tão frequentemente impensadas.

Ano Pessoal 8 / Personalidade 6 — Período harmônico e de organização de pendências. Mas pode haver uma carência afetiva crônica.

Ano Pessoal 8 / Personalidade 7 — A pessoa naturalmente tende a se preocupar mais com os detalhes que com o todo, mas nesse ano precisará controlar essa tendência.

Ano Pessoal 8 / Personalidade 8 — Afirmação das qualidades do número, mas também de seu lado avarento e dono da verdade.

O MAPA NUMEROLÓGICO ANUAL

Ano Pessoal 8 / Personalidade 9 — A ansiedade da pessoa não é conveniente nesse ano em que é preciso sangue-frio para encarar os próprios erros e comemorar vitórias.

Ano Pessoal 8 / Personalidade 11 — Mais do que nunca, é preciso descer de sua torre imaginária e tomar atitudes realmente práticas e relevantes.

Ano Pessoal 8 / Personalidade 22 — Grandes realizações estão ao alcance da mão, só é preciso é um pouco de impulso.

Ano Pessoal 9 — INTENSIDADE

Eis o momento do ápice, do topo, da finalização do processo. Durante esse ano, tudo o que foi sendo desenvolvido durante os últimos oito anos chega a um fim, ou a um desfecho. O fim não precisa necessariamente incorporar aspectos de tristeza, embora algumas personalidades, como veremos adiante, sejam mais apegadas e, portanto, resistam mais às mutações e conclusões da vida. É um período de muita energia, na qual se busca superar todos os limites e lutar de maneira radical pelos próprios objetivos. É muito importante aproveitar essa energia para não deixar que nenhuma pendência permaneça.

Por outro lado, os ânimos exaltados e a enorme ansiedade que costumam acometer as pessoas durante a passagem do número 9 podem levar a explodir e destruir pontos do lado errado, por puro descontrole emocional. Cuidado para que isso não ocorra: mantenha a perspectiva de longo alcance daquilo que você deseja cortar da sua vida para aquilo que você quer renovar e manter. Corte os primeiros como erva daninha e cultive os outros como as melhores flores de seu jardim.

Todo tipo de viagem, contato com o exterior ou com pessoas de círculo social diverso ao seu são amplamente favorecidos. O estresse pode ocasionar transtornos de saúde, mas a sede de velocidade deve ser canalizada de maneira construtiva, jamais suprimida. Não provoque as mudanças, mas aceite as que vierem a você. Faça uma grande faxina na sua vida, jogando fora o que não presta (mais).

INICIAÇÃO À NUMEROLOGIA

Ano Pessoal 9 / Personalidade 1 — Possível divergência caso se tente controlar demais o que vai embora — esse não é um ano de controle, mas de fluxo.

Ano Pessoal 9 / Personalidade 2 — A tendência ao apego e a retração, bem como a incapacidade de lidar com situações muito fortes e velozes pode trazer certo desconforto, mas também a chance de crescer.

Ano Pessoal 9 / Personalidade 3 — A pessoa atravessa o oceano de tensão e urgência com *fair play* e criatividade.

Ano Pessoal 9 / Personalidade 4 — Pode ser difícil devido à natureza conservadora e estável dessa personalidade.

Ano Pessoal 9 / Personalidade 5 — Apesar de assimilar bem as tendências do ano, a pessoa pode exagerar nos impulsos e estimular o lado difícil do número 9.

Ano Pessoal 9 / Personalidade 6 — Há um pouco de sentimentalismo nas despedidas e fins de ciclo, mas é um período que capta o aspecto construtivo e operacional do número 6.

Ano Pessoal 9 / Personalidade 7 — Positivo para a pessoa, já que estimula o lado mais dinâmico de 7 e realiza cortes possivelmente necessários com precisão cirúrgica.

Ano Pessoal 9 / Personalidade 8 — A visão administrativa e pragmática da pessoa ajuda a conduzir o momento como quem cavalga um cavalo em disparada.

Ano Pessoal 9 / Personalidade 9 — O cuidado para não exagerar nas reações deve ser constante.

Ano Pessoal 9 / Personalidade 11 — Um ano de experiências interessantes para essa pessoa, sempre pronta a altos e baixos, riscos à parte.

Ano Pessoal 9 / Personalidade 22 — Perfeita sintonia entre personalidade e momento cíclico.

O MAPA NUMEROLÓGICO ANUAL

Ano Pessoal 11 — EXCESSO

A busca pelos limites e pela ultrapassagem desses limites; o conhecimento da lei por meio do desrespeito à lei — isso leva a um posterior respeito muito mais firme e convicto do que o que sentem aqueles que nunca transgrediram. O momento de 11 é aquele em que resolvemos comer do fruto proibido, ultrapassar humildade ou pretensão, trilhar o caminho das estrelas a cada um de nós designado.

As personalidades mais "frágeis" podem suportar mal o influxo de liberdade e de alto retorno da lei de causa e efeito que existe nesse ano, como em qualquer período marcado por esse número. Mesmo assim, esse ano traz a rara chance de entrar em contato com o próprio eu de maneira intuitiva e lúdica. Por outro lado, estando entre o Ano Pessoal 1 e o Ano Pessoal 3, substituindo o Ano Pessoal 2, em vez de trazer descanso, pausa e maturação entre 1 e 3, na verdade o Ano Pessoal 11 traz uma velocidade e intensidade ainda maiores que o Ano 1: é como se fosse um Ano 1 duplicado, em certo sentido. É importante contar com o próprio carisma, os próprios meios e as próprias iniciativas.

Ano Pessoal 11 / Personalidade 1 — Perfeita combinação. A pessoa desempenha bem o papel de seguir o próprio caminho com galhardia e resolução.

Ano Pessoal 11 / Personalidade 2 — Excelente oportunidade para despertar o lado mais forte e bem resolvido da pessoa — o parentesco entre os números reforça o processo.

Ano Pessoal 11 / Personalidade 3 — Força criativa em alta. É fácil ser carismático e original, qualidades necessárias para viver bem esse período.

Ano Pessoal 11 / Personalidade 4 — Por mais que a pessoa de início resista aos processos aparentemente ilógicos dessa fase, acaba apurando a própria intuição.

Ano Pessoal 11 / Personalidade 5 — A pessoa se deixa seduzir pelo lado inusitado do período que vive, mas deve buscar o significado profundo de cada experiência.

Ano Pessoal 11 / Personalidade 6 — Momento de romper com preconceitos e ideias prontas.

Ano Pessoal 11 / Personalidade 7 — Período de introspecção, observação e meditação, embora costume ocorrer em meio a grande movimento de pessoas e lugares.

Ano Pessoal 11 / Personalidade 8 — O desenvolvimento das qualidades intuitivas da pessoa se soma à sua competência técnica.

Ano Pessoal 11 / Personalidade 9 — A ansiedade pode atrapalhar, mas é uma fase prazerosa, até porque a pessoa já é adaptável por natureza.

Ano Pessoal 11 / Personalidade 11 — Só a própria pessoa entenderá as razões dos eventos que ocorrem nesse ano.

Ano Pessoal 11 / Personalidade 22 — Período de grande potencial espiritual e prático, quando teorias bonitas se mostram tangíveis e úteis.

Ano Pessoal 22 — REALIZAÇÃO

Esse é como se fosse um Ano Pessoal 4 "vitaminado". Isso não inferioriza o arquétipo do número 4, absolutamente, mas confere a 22 um caráter mais amplificado, acrescentando o fator espiritual e uma visão de longo alcance ao sentimento local e pragmático de 4. É um momento radical, de tudo ou nada, de realizações inimagináveis ou de frustrações imperativas. Alguém com uma vontade espiritual muito forte bem delineada só se favorece com um Ano Pessoal 22. Contudo, quem se encontra perdido terá uma noção ainda mais clara dessa falta de contato com o eu interior — o que pode ser muito proveitoso, apesar de sofrido, já que a conscientização dramática do problema o traz ao nível da consciência, possibilitando resolvê-lo.

Ano Pessoal 22 / Personalidade 1 — A força usada com suavidade leva a novas alturas, mas a queda é certa para quem apelar para a força bruta.

Ano Pessoal 22 / Personalidade 2 — Fortalecimento da personalidade, a pessoa se sente mais segura e ousada, o clima é de confiança e estabilidade.

Ano Pessoal 22 / Personalidade 3 — O período requer mais seriedade e compromisso do que a pessoa gosta de oferecer.

Ano Pessoal 22 / Personalidade 4 — Momento para crescer sobre bases sólidas e ampliar os horizontes sem sair do lugar.

Ano Pessoal 22 / Personalidade 5 — Período em que se tem a chance de aceitar os bloqueios da vida como aberturas para outra direção, como indicações simbólicas.

Ano Pessoal 22 / Personalidade 6 — A combinação favorece o aspecto prestativo e o instinto comunitário da pessoa.

Ano Pessoal 22 / Personalidade 7 — A espiritualidade e a intelectualidade da pessoa tomam um caminho prático e objetivo.

Ano Pessoal 22 / Personalidade 8 — Ambições podem ser alcançadas se a pessoa mantiver o bom senso e não cair na armadilha da arrogância.

Ano Pessoal 22 / Personalidade 9 — A personalidade aumenta a tendência de "tudo ou nada" do período marcado pelo arquétipo 9.

Ano Pessoal 22 / Personalidade 11 — Muito favorável, esse ano leva a pessoa a encarar com mais carinho os aspectos cotidianos da vida.

Ano Pessoal 22 / Personalidade 22 — Grande realização e conquista, ou limitação patológica.

O MÊS PESSOAL

O Mês Pessoal funciona como um subciclo dentro do Ano Pessoal. Durante um período marcado por certo número, há doze diferentes meses com sua própria dinâmica, mas subordinados à vibração dominante do ano, o que faz com que haja momentos de maior ênfase nos inícios (Mês Pessoal 1); de relativa retração (Mês Pessoal 2); de comunicação e relacionamento (Mês Pessoal 3); de trabalho e organização (Mês Pessoal 4); de mudanças e imprevistos (Mês Pessoal 5); de se voltar à própria família e comunidade (Mês Pessoal 6); de planejar e estudar (Mês pessoal 7); de fazer grandes investimentos e lidar com leis

INICIAÇÃO À NUMEROLOGIA

(Mês Pessoal 8); de finalizar o que estiver pendente (Mês Pessoal 9); de ousar e exceder (Mês Pessoal 11); e de transformar os maiores sonhos em realidade (Mês Pessoal 22).

Para chegar ao Mês Pessoal, basta somar o número do Ano Universal e o número do mês. Por exemplo, uma pessoa que nasceu em 20/9/1970 tem como símbolo de seu Ano Pessoal em 2003 o número 2032, ou seja, $2 + 0 + 3 + 2 = 7$: Ano Pessoal 7. Esse Ano Pessoal 7 começa oficialmente no dia do aniversário da pessoa, ou seja, o arquétipo 7 passa a vibrar a partir do dia 20 de setembro de 2003 e se dissolve por volta de 19 de setembro de 2004.

Sendo assim, o primeiro Mês Pessoal a ser calculado será o de setembro (na verdade, os dias que restam a partir do dia 20). Setembro é o nono mês, portanto, somando o 2032 (número completo do Ano Pessoal para 2003) + 9, temos 2041 e $2 + 0 + 4 + 1 = 7$. Daí que o mês de outubro terá como número 2042/8; e novembro somará 2043/9; e dezembro virá como 2044/10/1; e atenção para a virada do Ano Universal, pois a soma não continua seguindo em sequência, já que passamos do mês de dezembro (12º. mês) para janeiro (1º. mês).

Seguindo com o exemplo, somamos o Ano Pessoal 2032 ao mês 1 (janeiro), tendo como Mês Pessoal o número 2033/7. Daí sim, é possível seguir com fevereiro (Mês Pessoal 2034/8); março (Mês Pessoal 2035/9); abril (Mês Pessoal 2036/11); maio (Mês Pessoal 2037/12/3); junho (Mês Pessoal 2038/13/4); julho (Mês Pessoal 2039/14/5); agosto (Mês Pessoal 2040/6); e finalmente o mês de setembro, mês de aniversário, representa o fim de um processo e o começo de um outro, representado por outros números.

O significado do Mês Pessoal em si é o mesmo do Ano Pessoal, porém condensado em um único mês, em vez de doze. Vejamos agora como funciona cada Mês Pessoal sob a vibração maior de cada Ano Pessoal.

Mês Pessoal 1

Mês Pessoal 1 / Ano Pessoal 1 — Momento que requer grande atenção para garantir o controle e o comando.

O MAPA NUMEROLÓGICO ANUAL

Mês Pessoal 1 / Ano Pessoal 2 — A tendência geral do ano é de ficar à margem, mas esse mês é exceção — é o momento de tomar as rédeas da situação.

Mês Pessoal 1 / Ano Pessoal 3 — Se a pessoa deseja projetar sua imagem e fazer novos contatos, agora é a hora de ser simpática e solícita, mostrando firmeza e bom humor.

Mês Pessoal 1 / Ano Pessoal 4 — Se há um momento nesse ano para iniciar uma reforma ou buscar destaque no trabalho, é nesse mês.

Mês Pessoal 1 / Ano Pessoal 5 — Ser volúvel demais nesse momento é um erro; é preciso encarar os desafios com coragem e maturidade.

Mês Pessoal 1 / Ano Pessoal 6 — Hora de tomar iniciativas na vida afetiva e com as pessoas que ama — mas cuidado para não invadir o outro.

Mês Pessoal 1 / Ano Pessoal 7 — Excelente período para solidão, para a introspecção necessária do período e para sustentar seus pontos de vista.

Mês Pessoal 1 / Ano Pessoal 8 — Hora de fazer a grande jogada, de assumir a postura de líder, de comandante.

Mês Pessoal 1 / Ano Pessoal 9 — Indicado para romper com coisas das quais há muito planeja se desvencilhar.

Mês Pessoal 1 / Ano Pessoal 11 — Favorável para se destacar em sua comunidade ou trabalho por méritos sempre presentes, mas ainda não devidamente observados.

Mês Pessoal 1 / Ano Pessoal 22 — Momento para focar a si mesmo, do contrário não será possível realizar as tarefas necessárias.

Mês Pessoal 2

Mês Pessoal 2 / Ano Pessoal 1 — A vontade é de "botar pra quebrar", mas nesse momento é preciso dar uma pausa e respirar fundo — no mês seguinte, pode voltar à carga total.

Mês Pessoal 2 / Ano Pessoal 2 — Pode se aprofundar na quietude e assumir a postura de colaborador e observador, sem tomar iniciativas.

Mês Pessoal 2 / Ano Pessoal 3 — Momento um tanto sutil para a necessidade de expansão e comunicação do período.

Mês Pessoal 2 / Ano Pessoal 4 — É bom parar um pouco para deixar germinar aquilo que foi semeado.

Mês Pessoal 2 / Ano Pessoal 5 — O aspecto romântico e sensual tende a prevalecer nesse mês. É aconselhável evitar tomar decisões importantes.

Mês Pessoal 2 / Ano Pessoal 6 — A família e especialmente o casamento são os assuntos principais.

Mês Pessoal 2 / Ano Pessoal 7 — Muito favorável a todo tipo de introspecção e estado contemplativo do ser; bom para ponderar e tomar decisões.

Mês Pessoal 2 / Ano Pessoal 8 — Estar receptivo é muitas vezes condição essencial para que a consciência do melhor caminho a tomar venha com clareza.

Mês Pessoal 2 / Ano Pessoal 9 — Um período de relativa calmaria dentro de um ano tão intenso e confuso.

Mês Pessoal 2 / Ano Pessoal 11 — Grandes avanços filosóficos, mentais e, consequentemente, espirituais.

Mês Pessoal 2 / Ano Pessoal 22 — Período de grande desprendimento, mas muita atividade, visando ao outro, não a si próprio.

Mês Pessoal 3

Mês Pessoal 3 / Ano Pessoal 1 — Dentro do plano expansionista e desbravador do ano, esse é o momento da publicidade do que se é e o que se faz.

Mês Pessoal 3 / Ano Pessoal 2 — Sendo o ano indicado para questões afetivas e íntimas, esse mês é marcado pelo contato com amigos e pelo aguçamento da intuição.

Mês Pessoal 3 / Ano Pessoal 3 — Momento ideal para viver em êxtase criativo, buscar os amigos, as diversões, as artes, comunicar-se, expressar-se — mas cuidado com o que fala.

O MAPA NUMEROLÓGICO ANUAL

Mês Pessoal 3 / Ano Pessoal 4 — Mesmo nesse ano caracterizado por formalidade e ordem, é hora de incitar o lado lúdico e sair, ir ao cinema, conversar.

Mês Pessoal 3 / Ano Pessoal 5 — Clima de festa total, bom para deixar aflorar o lado dionisíaco da personalidade.

Mês Pessoal 3 / Ano Pessoal 6 — Tendência a lidar com crianças, jovens ou situações relacionadas a pessoas joviais ou de pouca idade.

Mês Pessoal 3 / Ano Pessoal 7 — Durante esse ano introspectivo e metódico, é hora de pôr a cara para fora da toca e ver o que acontece no mundo lá fora.

Mês Pessoal 3 / Ano Pessoal 8 — A publicidade demanda criatividade, e estas são fontes de fortuna e prestígio, que são os assuntos do ano corrente.

Mês Pessoal 3 / Ano Pessoal 9 — Tensão criativa, muita energia, muitas pessoas envolvidas, mas pode haver falha de comunicação.

Mês Pessoal 3 / Ano Pessoal 11 — Nesse ano marcado pela tendência à dificuldade na comunicação, esse mês é uma pequena ilha de fluência verbal.

Mês Pessoal 3 / Ano Pessoal 22 — Um pouco de bom humor e leveza é necessário para estimular as melhores potencialidades do ano.

Mês Pessoal 4

Mês Pessoal 4 / Ano Pessoal 1 — Para que o desbravamento planejado para esse ano se concretize, é preciso ter um momento de organização da inevitável burocracia.

Mês Pessoal 4 / Ano Pessoal 2 — A tendência à cooperação é a tônica do ano; momento de ajudar alguém a trabalhar e se organizar.

Mês Pessoal 4 / Ano Pessoal 3 — Por mais que a tônica do ano seja criar e produzir por meio do prazer, há um momento em que é preciso cuidar de tarefas maçantes.

175

INICIAÇÃO À NUMEROLOGIA

Mês Pessoal 4 / Ano Pessoal 4 — Para quem gosta de rotina é um prato cheio, do contrário pode ser um mês muito cansativo e desgastante.

Mês Pessoal 4 / Ano Pessoal 5 — Momento mais atípico do ano, em que as coisas parecem desacelerar e perder a galhardia: hora de falar sério.

Mês Pessoal 4 / Ano Pessoal 6 — As responsabilidades afetivas e familiares se tornam imperativas, prioritárias.

Mês Pessoal 4 / Ano Pessoal 7 — Mês ideal para fechar para balanço, tanto no sentido profissional quando no sentido psicológico. Veja bem que eu não disse *férias*.

Mês Pessoal 4 / Ano Pessoal 8 — Excelente mês para trabalho duro, dedicado e concentrado.

Mês Pessoal 4 / Ano Pessoal 9 — Apesar de a tônica do ano ser pisar fundo no acelerador, nesse mês o momento é de cautela e raciocínio prático.

Mês Pessoal 4 / Ano Pessoal 11 — É aconselhável extrair o máximo do período em termos de resolução de problemas cotidianos e deixar o resto do ano para buscas mais abstratas.

Mês Pessoal 4 / Ano Pessoal 22 — Grande oportunidade de trabalho e de fixação. Estabelecimento de algo duradouro.

Mês Pessoal 5

Mês Pessoal 5 / Ano Pessoal 1 — Momento de ser vaidoso; aproveite, mas com consciência e cuidado, já que pedir parcimônia seria demais.

Mês Pessoal 5 / Ano Pessoal 2 — O aspecto sensual e sonhador fica especialmente ativado nesse mês. Satisfação dos instintos.

Mês Pessoal 5 / Ano Pessoal 3 — Um dos meses mais divertidos durante a passagem do ano. Evite decisões importantes.

Mês Pessoal 5 / Ano Pessoal 4 — Momento de descontração em um ano marcado por rigidez e excesso de obrigações.

Mês Pessoal 5 / Ano Pessoal 5 — Desregramento, surpresas, altos e baixos, indolência, inconsequência, aventura, prazer.

O MAPA NUMEROLÓGICO ANUAL

Mês Pessoal 5 / Ano Pessoal 6 — O ano é voltado para amores estáveis e família; o mês indica mudança súbita, explosão passional.

Mês Pessoal 5 / Ano Pessoal 7 — Um mês de descobertas interessantes, em que a ousadia é mecanismo essencial de evolução.

Mês Pessoal 5 / Ano Pessoal 8 — Golpes de sorte e de azar, reviravoltas no plano financeiro/profissional, questões jurídicas.

Mês Pessoal 5 / Ano Pessoal 9 — Explosão de energia, período intenso, pressa e ansiedade. Ideias e chances de conexões.

Mês Pessoal 5 / Ano Pessoal 11 — Inspiração e dificuldade de aceitar as hierarquias da vida e da sociedade; tendência à rebelião.

Mês Pessoal 5 / Ano Pessoal 22 — Esse mês costuma trazer grandes viradas para um ano marcado pela vibração de 22.

Mês Pessoal 6

Mês Pessoal 6 / Ano Pessoal 1 — O plano individualista do ano deve contemplar um pouco os que o cercam — nem que seja por esperteza estratégica.

Mês Pessoal 6 / Ano Pessoal 2 — O romantismo aflora, a tendência é encantar-se com tudo e todos. Mas algumas pessoas dadas à melancolia sofrem de uma nostalgia do futuro.

Mês Pessoal 6 / Ano Pessoal 3 — Período de mais suscetibilidade dentro de um ano de polaridade *yang*, provocando antes complementação que conflito.

Mês Pessoal 6 / Ano Pessoal 4 — Ideal para favorecer o que é estável e lento e dar atenção especial à família e ao lar.

Mês Pessoal 6 / Ano Pessoal 5 — Nesse mês a família e as responsabilidades exigirão muito da pessoa, que por sua vez estará voltada para as novidades e aventuras da vida.

Mês Pessoal 6 / Ano Pessoal 6 — Pode haver sentimentalismo demais, tendência a imiscuir-se em assuntos alheios.

INICIAÇÃO À NUMEROLOGIA

Mês Pessoal 6 / Ano Pessoal 7 — Esse é outro dos "momentos de contato" desse ano em que isolamento e concentração são a tônica. A hora é de cuidar dos afetos.

Mês Pessoal 6 / Ano Pessoal 8 — Grandes chances de crescimento social consistente, aceitação em estâncias superiores. Evite sentimentalismo.

Mês Pessoal 6 / Ano Pessoal 9 — Bom momento para redesenhar um hábito ou uma relação mal resolvidos, mas cuidado para não cortar as flores junto com as ervas daninhas.

Mês Pessoal 6 / Ano Pessoal 11 — Difícil ser romântico em um ano de tantas descobertas pessoais e individuais.

Mês Pessoal 6 / Ano Pessoal 22 — Há grande convergência entre as vibrações. A missão expansionista do ano busca a estabilidade, que é ponto de partida das necessidades de 6.

Mês Pessoal 7

Mês Pessoal 7 / Ano Pessoal 1 — Esse é o momento da estratégia, quando se revê a tática de ação e se observa o ambiente com atenção. Ação solitária é a tônica.

Mês Pessoal 7 / Ano Pessoal 2 — Grandes percepções vêm à mente, mas a tendência à melancolia e à solidão é forte. Contudo, a busca espiritual é favorecida.

Mês Pessoal 7 / Ano Pessoal 3 — Embora a tendência geral do ano seja estar cercado de amigos e colegas, esse é o mês em que, voluntariamente ou não, ocorre um recolhimento.

Mês Pessoal 7 / Ano Pessoal 4 — Hora de fazer um checkup, cuidar da saúde, assumir uma postura mais crítica consigo próprio e com os outros, de forma consciente.

Mês Pessoal 7 / Ano Pessoal 5 — Uma certa desaceleração no ritmo alucinante do ano vem para trazer um pouco de visão crítica, o que impede sandices.

O MAPA NUMEROLÓGICO ANUAL

Mês Pessoal 7 / Ano Pessoal 6 — A atenção à família pode ser desviada por necessidade profissional de estar ausente ou mesmo por questões de saúde.

Mês Pessoal 7 / Ano Pessoal 7 — Perfeito para concentrar-se em estudos, desvendar o intelecto, aumentar a cultura. O outro lado pode ser uma insistente melancolia.

Mês Pessoal 7 / Ano Pessoal 8 — É preciso um grande senso de espírito e uma alma profunda para conseguir o ápice no mundo material — o que não significa só ser rico.

Mês Pessoal 7 / Ano Pessoal 9 — Precisão nos cortes a serem efetuados. Caso precise tomar uma decisão esse ano, melhor que seja nesse mês.

Mês Pessoal 7 / Ano Pessoal 11 — Momento de grandes percepções. Atenção para as mensagens que os símbolos lhe transmitirão.

Mês Pessoal 7 / Ano Pessoal 22 — A marca da conquista espiritual, seja no plano da alma, da matéria ou do afeto.

Mês Pessoal 8

Mês Pessoal 8 / Ano Pessoal 1 — Bom para lidar com leis, documentos e afins. Vem o retorno do que se projeta, o que nesse ano significa defrontar-se com alguma autoridade.

Mês Pessoal 8 / Ano Pessoal 2 — Durante um ano de espera, a tendência administrativa de 8 representa um breve período de exercício. Vida afetiva e trabalho se misturam.

Mês Pessoal 8 / Ano Pessoal 3 — Momento em que diversão e arroubos criativos podem se tornar lucrativos — mas é preciso dedicação e talento.

Mês Pessoal 8 / Ano Pessoal 4 — Mês de voos altos dentro do esquema limitado do ano; ótima oportunidade de crescimento duradouro.

Mês Pessoal 8 / Ano Pessoal 5 — Da mesma forma que ocorre com o Ano 3, durante a passagem do Ano 5 o Mês 8 aparece como a chance de tirar lucro de festas e deleites.

179

INICIAÇÃO À NUMEROLOGIA

Mês Pessoal 8 / Ano Pessoal 6 — Hora de arrumar os próprios hábitos econômicos. Atenção para os efeitos da lei de causa e efeito e seus retornos.

Mês Pessoal 8 / Ano Pessoal 7 — Bom momento para materializar todas as elucubrações do ano. Como todo Mês 8, é um período ideal para lidar com leis e proventos.

Mês Pessoal 8 / Ano Pessoal 8 — A *overdose* de 8 pode trazer tanto o pulo do gato em termos materiais quanto uma atitude sovina e megalômana.

Mês Pessoal 8 / Ano Pessoal 9 — Indicado para pôr fim a causas judiciais pendentes e alçar voos mais altos em termos profissionais e financeiros.

Mês Pessoal 8 / Ano Pessoal 11 — Período de fortes revelações e possibilidade de ganhar poder de maneira inusitada. Responda à inveja com generosidade.

Mês Pessoal 8 / Ano Pessoal 22 — Mais ainda do que no caso do Ano Pessoal 11, aqui há uma enorme chance de subir vários degraus de maneira inesperada e com segurança.

Mês Pessoal 9

Mês Pessoal 9 / Ano Pessoal 1 — Todo Mês 9 é um mês de finalização, e aqui se encerra uma fase no plano de expansão pessoal do Ano 1. Ouse.

Mês Pessoal 9 / Ano Pessoal 2 — Tendência ao apego, o que dificulta corresponder ao dinamismo reciclável que o mês exige.

Mês Pessoal 9 / Ano Pessoal 3 — Não há maiores conflitos entre o ciclo maior do ano e o ciclo menor do mês.

Mês Pessoal 9 / Ano Pessoal 4 — Período indicado para dedicar-se a resolver de vez todos os problemas mais chatos e burocráticos que tendemos a empurrar a esmo.

Mês Pessoal 9 / Ano Pessoal 5 — Esse mês promete muita agitação, mas é preciso enorme cuidado para que um humor destemperado não leve a cometer atos que a pessoa venha a lamentar.

180

Mês Pessoal 9 / Ano Pessoal 6 — Também essa combinação tende a inflamar ânimos passionais, mais particularmente no âmbito familiar.

Mês Pessoal 9 / Ano Pessoal 7 — A finalização aqui se refere a algum projeto de ordem espiritual, intelectual, ou à definição de algo que depende de uma pessoa mais velha.

Mês Pessoal 9 / Ano Pessoal 8 — Essa é a hora do tudo ou nada em termos de transações financeiras, avanços profissionais e é certamente o momento do retorno cármico.

Mês Pessoal 9 / Ano Pessoal 9 — Muita atividade, ou mesmo estresse. É preciso resolver mil coisas ao mesmo tempo e controlar a vontade de explodir. Mês favorável a mudanças e cortes.

Mês Pessoal 9 / Ano Pessoal 11 — Período de energia à flor da pele, muita ansiedade por reconhecimento e afirmação do próprio ego.

Mês Pessoal 9 / Ano Pessoal 22 — Os acontecimentos do mês tendem a ser grandiosos — espera-se que para o bem, embora pressa excessiva e impulsividade ofereçam risco.

Mês Pessoal 11

Mês Pessoal 11 / Ano Pessoal 1 — Momento de revelações pessoais, individualismo e ascensão dos talentos do indivíduo.

Mês Pessoal 11 / Ano Pessoal 2 — Apesar de a tônica do ano ser a espera, nesse mês é preciso ter uma atitude mais ativa e dinâmica, como uma onda inusitada em um mar calmo.

Mês Pessoal 11 / Ano Pessoal 3 — Saídas originais são indicadas nesse período e é reforçada a tendência de fazer exatamente o que se deseja, sem querer agradar a todos.

Mês Pessoal 11 / Ano Pessoal 4 — É difícil seguir a intuição quando é preciso ser prático, mas durante esse mês essa difícil equação deve ser conquistada.

INICIAÇÃO À NUMEROLOGIA

Mês Pessoal 11 / Ano Pessoal 5 — O sentido do ano se torna mais claro com as revelações do mês, que trazem à tona o que ainda não dava para ver.

Mês Pessoal 11 / Ano Pessoal 6 — O mês das revelações tem efeito devastador sobre relações amorosas, mas só é ruim para quem tem algo a esconder.

Mês Pessoal 11 / Ano Pessoal 7 — Lucidez. Mês excelente para tomar decisões importantes e para os estudos, bem como para relações políticas e estratégicas.

Mês Pessoal 11 / Ano Pessoal 8 — Visão de longo alcance sobre os negócios; atenção aos sinais.

Mês Pessoal 11 / Ano Pessoal 9 — Momento de libertação, o que inclui libertar-se de amarras, mas também liberar suas neuroses em relação a quem nada tem a ver com elas.

Mês Pessoal 11 / Ano Pessoal 11 — Sabedoria ou loucura; imprudência ou ousadia louvável. Aproveite, mas com sabedoria — a qual é vizinha do desequilíbrio.

Mês Pessoal 11 / Ano Pessoal 22 — A combinação entre ano e mês enfatiza o carisma, o acesso a pessoas mais velhas ou poderosas e a valorização da experiência.

Mês Pessoal 22

Mês Pessoal 22 / Ano Pessoal 1 — Cuidado para não ir com sede demais ao pote, pois desmesurar os próprios talentos pode derrubar as ambições de uma só vez.

Mês Pessoal 22 / Ano Pessoal 2 — Procure direcionar sua sede de amor de forma a não sufocar os entes próximos.

Mês Pessoal 22 / Ano Pessoal 3 — Por mais criatividade e talento que você tenha, a ousadia só será favorável se você tiver senso prático.

Mês Pessoal 22 / Ano Pessoal 4 — Grande chance de equilibrar o senso prático necessário para o ano com um impulso de ambição que não faz parte do contexto do ano inteiro.

Mês Pessoal 22 / Ano Pessoal 5 — Uma imprudência típica do cenário do Ano 5 pode tomar dimensões gigantescas esse mês.

Mês Pessoal 22 / Ano Pessoal 6 — Esse é um momento de desafios e obstáculos a serem vencidos no âmbito pessoal/familiar. Todavia, há muita força e disposição.

Mês Pessoal 22 / Ano Pessoal 7 — Indicado à reclusão e à meditação, ainda que atividades físicas e profissionais não devam ser suprimidas por completo nesse mês.

Mês Pessoal 22 / Ano Pessoal 8 — Muito trabalho e questões de máxima importância a resolver.

Mês Pessoal 22 / Ano Pessoal 9 — Muito cuidado para não perder a mão e lançar-se ao exagero de modos e destempero verbal. Use sua imaginação de forma lucrativa.

Mês Pessoal 22 / Ano Pessoal 11 — Uma preciosa oportunidade de equilíbrio mental e espiritual.

Mês Pessoal 22 / Ano Pessoal 22 — Período de grande sabedoria ou total desconexão com a mente racional.

O CARMA E O DARMA ANUAIS

Os cálculos do Carma e do Darma anuais são os seguintes.

Para o Darma Anual: Some o número completo do Ano Pessoal com o número completo da Síntese. Por exemplo: se você está vivendo o Ano Pessoal 2005/7 e sua Síntese é 54/9, então some 2005 + 54 e encontrará 2059 = 16 = 7, sendo então a missão para esse ano representada pelo número 7, particularmente vindo de 16. Leia as definições sobre Darma que apresentamos nos cálculos das posições básicas sobre a personalidade do indivíduo e adapte para o escopo de um ano.

Para o Carma Anual: Some o número do Darma Anual com o número do dia do nascimento e com o número do Interior. Seguindo o exemplo fictício, digamos que essa pessoa que esteja passando por um

Darma Anual 2059/16/7 tenha como dia do nascimento o número 2 e como Interior o número 25/7. Sendo assim, a soma será: 2059 + 2 + 25 = 2086/16/7, ou seja, o Darma e o Carma virão com o mesmo símbolo.

Leia as definições sobre Carma e adapte para o ano em questão.

O CÁLCULO DO DIA PESSOAL

O cálculo do Dia Pessoal serve para aqueles dias especiais, em que algo notável ou muito importante irá ocorrer. Quando for possível ou mesmo necessário marcar datas, observe a vibração do Dia Pessoal. Você encontra o número-símbolo de determinado dia ao somar o número do dia em questão com o número (completo) do Mês Pessoal. Por exemplo: um indivíduo que está vivendo um Ano Pessoal 2012/5 tem dezembro 2024/8 como Mês Pessoal (2012 + 12 = 2024). Portanto, o dia 1º de dezembro dessa mesma ocasião será um Dia Pessoal 9 (ou seja, resultado de 2024 — Mês Pessoal — somado ao número 1 — número do dia em questão —, que resulta em 2025 = 2 + 0 + 2 + 5 = 9). Daí para a frente, no mesmo mês, a coisa segue em somas de unidades: o dia 1º de dezembro terá como Dia Pessoal o número 9; depois, o dia 2 terá como Dia Pessoal o 1; o Dia Pessoal em 3 de dezembro será 11, e por aí vai.

Vejamos agora o significado de cada Dia Pessoal.

Dia Pessoal 1 — Procure marcar todas as entrevistas em que queira causar uma boa impressão nesse dia. Além disto, solicitações importantes a pessoas com influência ou das quais dependa o prosseguimento de algo, bem como inaugurações e inícios em geral são bem-vindos nesse dia. Não é um bom dia para marcar um casamento, é mais bem-sucedido em coisas mundanas ou de ambição pessoal; não é um dia indicado para enlaces de quaisquer tipos.

Dia Pessoal 2 — Dia bom para acordos, estratégias diplomáticas, casamentos, associações de todo tipo. Não é positivo para iniciar alguma coisa com firmeza, mas é bom para pedir ajuda, desde que haja um âmbito pessoal e nunca meramente profissional, na relação entre quem pede e quem é solicitado.

Dia Pessoal 3 — Excelente para lidar com o público, para usar a própria imagem, para fazer palestras, lidar com grandes grupos, entreter as pessoas, usar de descontração como opção pessoal ou como mecanismo profissional — durante um treinamento, por exemplo, esse é o melhor dia para se manifestar e falar o que pensa, mostrar suas ideias. Para os artistas em geral, é um dia particularmente positivo, bem como para as crianças.

Dia Pessoal 4 — Favorável a todos os burocratas, construtores e operários, e positivo para lidar com tarefas desagradáveis, ainda que necessárias. Um bom dia para começar uma reforma há tempos adiada e ideal para enfrentar aquela fila e resolver aquele problema de ordem burocrática que só você tem como fazer. Não é um bom dia para programar viagens ou mudanças. Observe os detalhes, não saia da rotina.

Dia Pessoal 5 — Bom momento para todas as mudanças, viagens e alterações possíveis. Evite marcar compromissos em excesso, pois a tendência é que imprevistos impeçam de dar conta de tudo. Excelente para iniciar suas férias, ou mesmo para dar uma escapulida, mas péssima hora para pensar em tomar decisões muito sérias. O melhor a fazer é ser sociável nesse dia, que é ideal para marcar uma grande festa.

Dia Pessoal 6 — Dia para dar prioridade à família, às responsabilidades afetivas. Bom para casar-se e noivar. Todo verdadeiro afeto deve ser regado e tratado, e esse dia é para isso. Quaisquer reparos de coisas fora de ordem, em especial no próprio lar, são bem-vindos nessa data. O dia é indicado para rever velhos amigos, contanto que não tenha de viajar. É aconselhável estar em casa, na própria cidade; não é interessante para mudanças, e decisões podem ser tomadas no calor dos impulsos. É bom temperar o próprio ímpeto para que transtornos passionais não aflorem.

INICIAÇÃO À NUMEROLOGIA

Dia Pessoal 7 — Indicado ao isolamento, à pesquisa, ao estudo, ao trabalho intelectual e/ou espiritual, esse dia é excelente para rituais, meditações, cultos religiosos ou simplesmente para fazer uma higiene mental/espiritual. Evite festas, aglomerações, lugares demasiado agitados ou barulhentos. No trabalho, bom dia para mostrar serviço e dedicação, podendo ser favorável para palestras e aulas, mas nem tanto para lidar com o público leigo em geral.

Dia Pessoal 8 — Dia de fechar negócios, realizar investimentos, requerer algo à justiça, entrar com um processo ou mesmo uma defesa ou contraprocesso. Todo tipo de solicitação às instâncias superiores vem a ser, de início, favorável — considerando-se que a pessoa que solicita não tenha débitos com a justiça, é claro. Favorável a tudo que for ligado a vendas, dinheiro, negócios, documentos, leis. Evite a todo custo qualquer tipo de violência, inclusive a verbal. Faça as coisas com elegância, ou pode ver-se envolvido em uma onda negativa da qual pode ter dificuldades em sair depois.

Dia Pessoal 9 — Nesse dia, procure finalizar algo, encerrar um projeto — ou uma fase de um projeto, pavimentando o caminho para a próxima etapa. Evite iniciar seja o que for. Procure ser o mais diplomático que puder. Se possível, mude de ambiente ou comece uma viagem, de preferência longa.

Dia Pessoal 11 — Indicado para qualquer ocasião especial, seja de ordem espiritual ou profissional. Não é um bom dia para comunicação, embora seja propenso a revelar ou trazer alguma mensagem importante.

Dia Pessoal 22 — A tônica do dia é trabalho duro, constante e ao mesmo tempo criativo. Perfeito para qualquer ritual, de qualquer tipo (meditação, ritual iniciático, casamento, batismo, qualquer que seja).

CAPÍTULO VI

O PROFISSIONAL DE NUMEROLOGIA

Vamos finalmente abordar uma questão delicada. É aconselhável cobrar por uma consulta de numerologia? A resposta envolve vários fatores que vamos analisar agora.

"Há pessoas que leem um ou dois livros sobre certa ciência esotérica e logo começam a ganhar dinheiro com consultas." Essa é uma reclamação comum entre muitos profissionais do "meio esotérico", que reflete uma verdade cuja conotação varia. Primeiramente, há um problema de culpa quanto ao dinheiro. Se alguém oferece qualquer tipo de serviço a outra pessoa disposta a pagar de livre e espontânea vontade, não vejo qual seria o erro. "Ah, mas é um dom, uma coisa espiritual", alguns alegam. Certo, então a medicina também é uma dádiva de Deus, mas os médicos cobram por seu trabalho, simplesmente porque precisam viver. Um bom numerólogo, astrólogo e demais profissionais especializados em interpretar linguagens simbólicas se dedicam à prática e ao estudo, e precisam ser pagos como qualquer profissional. E aqui não estou falando de vidência: a numerologia é uma técnica que independe de intuição, muito embora sua prática de fato aguce a intuição do estudante. É necessário o estudo para que haja qualidade. Sempre haverá aqueles que usarão a numerologia como uma forma de autoconhecimento, e, se isso ocorrer, a função deste livro já terá se cumprido. O objetivo desta obra não é formar profissionais, embora isso possa ser estimulado a médio e longo prazo a partir de sua leitura. E, da mesma forma que um psicanalista precisa ser analisado antes de e durante o exercício de sua profissão,

INICIAÇÃO À NUMEROLOGIA

um numerólogo precisa primeiro conhecer bem o próprio mapa e ter experimentado/estudado com "cobaias" (familiares, amigos, pessoas públicas, personagens históricos).

No entanto, a reclamação faz sentido quando se vê a quantidade de pessoas desqualificadas para essa importante função exercendo o papel de orientadoras das pessoas. O "mercado esotérico" se faz de gente séria, mas também de pessoas que, ou bem estão enganadas, ou bem estão enganando. Como saber quem é quem? Uma "faculdade de numerologia" resolveria o problema? Também há médicos e outros profissionais desqualificados formados por faculdades cujo intuito é meramente o lucro. A possibilidade de se submeter a um bom ou mau profissional existe em qualquer ramo e o problema não passa pela regularização da profissão. O que quero dizer é que, a despeito de um comercialismo "esotérico" que muitas vezes beira o estelionato, há profissionais incríveis nas áreas alternativas e esotéricas e cabe ao cliente buscar o melhor profissional para consultar — como faria com qualquer outro tipo de profissional, buscando referências: o boca a boca ainda é a melhor e mais segura forma de referência.

Para uma pessoa trabalhar com numerologia, é preciso vocação. O numerólogo não deixa de ser um terapeuta, logo é preciso ter interesse no ser humano, na vida das pessoas, um interesse curioso, mas não intrometido. Imparcialidade também é fundamental. É preciso muita empatia pelo ser humano para chegar o mais próximo possível da imparcialidade necessária. É quase impraticável ser totalmente imparcial, mas isso não pode ser escusa para não buscar esse distanciamento, que é também uma identificação com o mais amplo em vez do mais específico. Sem imparcialidade, o numerólogo estará simplesmente projetando a própria personalidade sobre o cliente.

A função do numerólogo não é mudar o nome do cliente, prever o futuro, muito menos fornecer os números a serem sorteados na loteria. Não há necessidade de delírios pseudomísticos; desconfie de qualquer profissional que se posicione como "mestre", "iluminado", "conectado com seres de luz" etc. Não há nada de sobrenatural em uma consulta numerológica e o numerólogo não é mais especial ou sábio que um médico, professor, arquiteto, vendedor, cozinheiro ou qualquer outra profissão. A magia de uma consulta numerológica é o descobrimento de si mesmo que leva à consciência de seus potenciais e pontos fracos, o que pode ser determinante para estimular o desenvolvimento das qualidades e impedir a manifestação dos defeitos. Se a consulta numerológica servir para ajudar o cliente a compreender um conflito de sua vida, se trouxer mais confiança nas próprias qualidades, se conscientizar a pessoa das armadilhas de sua personalidade, então a numerologia e o numerólogo cumprirão sua função e será nada menos que justo pagar esse profissional pelo serviço prestado.

Espero que seu mergulho na numerologia seja proveitoso e o ajude a encontrar e seguir sua Verdadeira Vontade.

BIBLIOGRAFIA

Bhagavad-Gītā.

Bíblia Sagrada.

BLANCHEFORT, Jean de. *Guia da magia.* São Paulo: Maltese, 1992.

BLAVATSKY, Helena. *A voz do silêncio.* São Paulo: Pensamento, 1991.

BUDGE, E. A. Wallis. *Magia egípcia.* São Paulo: Pensamento, 1988.

CAPRA, Fritjof. *Sabedoria incomum.* São Paulo: Cultrix, 1990.

CAVENDISH, Richard (Ed.). *Enciclopédia do sobrenatural.* Porto Alegre: L&PM, 1993.

CHABOCHE, François-Xavier. *Vida e mistério dos números.* São Paulo: Hemus, 1979.

CHEVALIER, Jean; GHEERBRANT, Alain. *Dicionário de símbolos.* Rio de Janeiro: José Olympio Editora, 1999.

CISSAY, Monique. *Numerologia: a importância do nome no seu destino.* São Paulo: Pensamento: 1984.

CROWLEY, Aleister. *Magick in Theory and Practice.* New Jersey: Castle, 1991.
_____ . *777 and Other Qabalistic Writings.* York Beach: Samuel Weiser, 1973.
_____ . *The Book of Thoth.* York Beach: Samuel Weiser, 1969.
_____ . *The Law is For All.* Phoenix: New Falcon, 1993.

DETHLEFSEN, Thorwald. *O desafio do destino.* São Paulo: Pensamento, 1989.

DICKERMAN, Alexandra Collins. *A aventura da autodescoberta.* São Paulo: Cultrix, 1994.

EDITORES DE *ROLLING STONE. A balada de John & Yoko.* São Paulo: Círculo do Livro, 1983.

FORTUNE, Dion. *A cabala mística*. São Paulo: Pensamento: 1984.
_____ . *Magia aplicada*. São Paulo: Pensamento, 1983.

HITCHCOCK, Helyn. *Numerologia — A importância do nome em seu destino*. São Paulo: Pensamento, 1987.

IFRAH, Georges. *Os números: a história de uma grande invenção*. Rio de Janeiro: Globo, 1985.

JAVANE, Faith; BUNKER, Dusty. *A numerologia e o triângulo divino*. São Paulo: Pensamento, 1990.

KOLTUV, Barbara Black. *O livro de Lilith*. São Paulo: Cultrix, 1990.

LAO TSÉ. *Tao Te King*. São Paulo: Hemus, 1984.

LÉVI, Eliphas. *A chave dos grandes mistérios*. São Paulo: Pensamento, 1984.

LEWIS, Ralph M. *Behold the Sign: Ancient Symbolism*. San Jose: A.M.O.R.C., 1994.

LORENZ, Francisco Valdomiro. *Cabala: a tradição esotérica do Ocidente*. São Paulo: Pensamento, 1912.

LOUVIGNY, Philippe de. *Guia completo de numerologia*. Lisboa: Edições 70, 1991.

MALAGOLLI, Marco Antonio. *John Lennon*. São Paulo: Três, 1981.

PHELPS, Ruth. *O universo dos números*. Curitiba: A.M.O.R.C., 1987.
_____ . *The Universe of Numbers*. San Jose: A.M.O.R.C., 1984.

PIOBB, P.-V. *Formulário de alta magia*. Rio de Janeiro: Francisco Alves Editora, 1982.

SABELLICUS, Jorg. *A magia dos números*. Lisboa: Edições 70, 1986.

TRÊS INICIADOS. *O Caibalion*. São Paulo: Pensamento, 1978.

WESTCOTT, W. Wynn. *Os números — Seu poder oculto e suas virtudes místicas*. São Paulo: Pensamento, 1988.

WILSON, Colin. *Mysteries — An Investigation into the Occult, the Paranormal and the Supernatural*. London: Granada, 1978.